MW01644018

COMPENDIO DE AL-AJḌARI

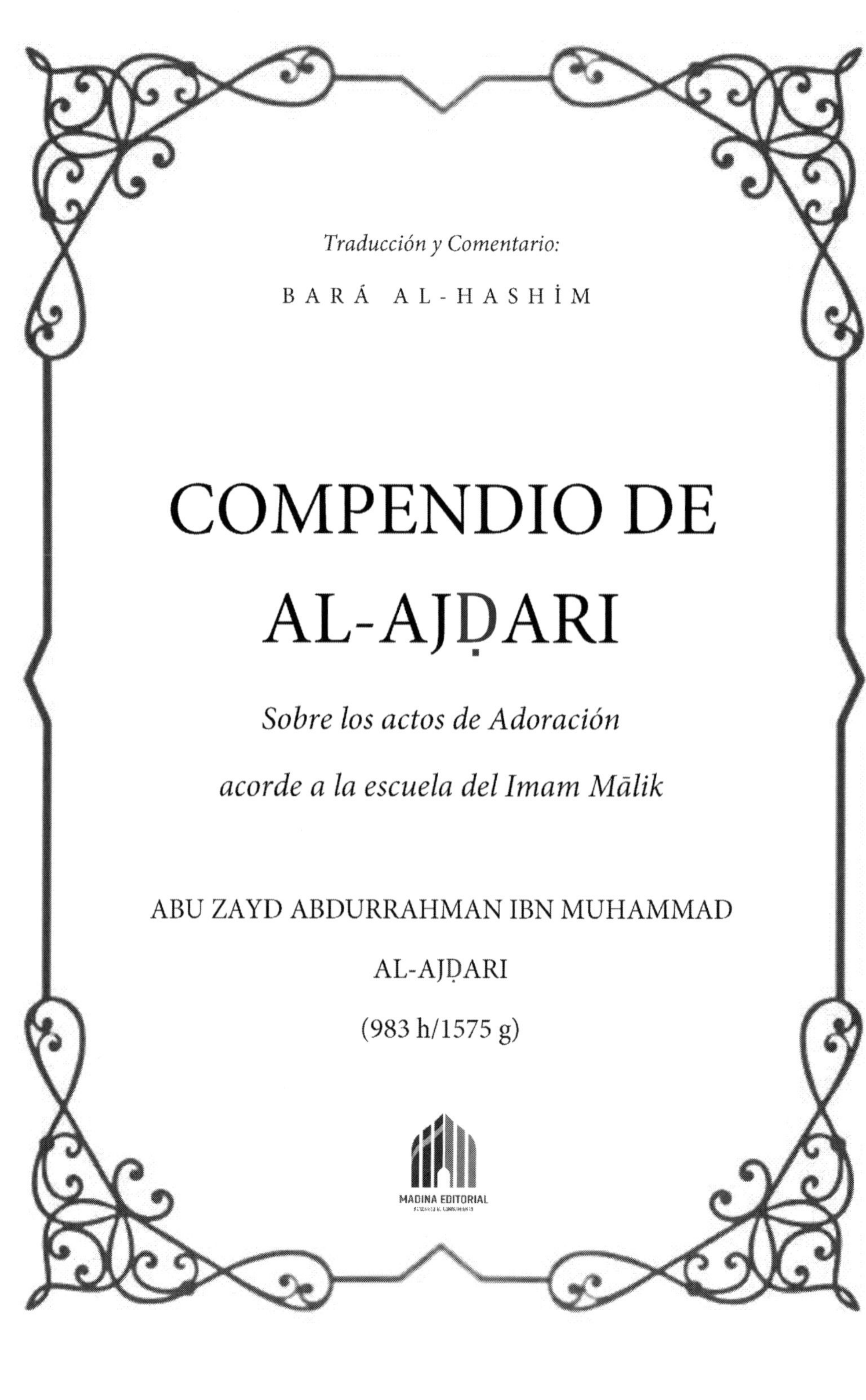

Traducción y Comentario:

BARÁ AL-HASHİM

COMPENDIO DE AL-AJḌARI

Sobre los actos de Adoración

acorde a la escuela del Imam Mālik

ABU ZAYD ABDURRAHMAN IBN MUHAMMAD

AL-AJḌARI

(983 h/1575 g)

MADINA EDITORIAL

Contacto:

madinaeditorial@gmail.com

Autor: Abdurrahman ıbn Muhammad AL-AJḌARI
Editor: © Madina Editorial
Traducción y comentario: Bará Al-Hashim
Diseño: Madina Editorial
ISBN: 9798307207062

"A QUIEN ALLAH QUIERA EL BIEN, LE OTORGA EL CONOCIMIENTO DEL DIN"

[BUJĀRI y MUSLIM]

ÍNDICE

LA POSTRACIÓN DEL OLVIDO 65

INTRODUCCIÓN

Alabado sea Allah, merecedor de todo agradecimiento y alabanza, enaltecido sea en Su virtud de cualquier similitud o semejanza, El Sabio, Quien envió a Sus mensajeros con la luz del conocimiento y la enseñanza. Que la paz y bendición sea con todos ellos, fuentes de guía, rectitud, y esperanza, especialmente con el Señor de ellos, el Líder de la Creación, nuestro Amado, Venerado, y Anhelado Sayyiduna Muhammad ﷺ, y que Allah esté complacido con sus herederos: los virtuosos, sabios y dignos de confianza, así como con todos aquellos que sigan sus pasos, viviendo por Su servicio hasta el último suspiro que cada uno de ellos alcanza.

Una de las mayores bendiciones con la cual fue agraciada la umma del Islam, es el sublime legado jurisprudencial, revelado por el Creador ﷻ al corazón de Su último Mensajero ﷺ, y transmitido por su eminencia a sus nobles compañeros رضي الله عنهم, y de ellos a sus seguidores, y así de generación a generación, manteniendo su esencia intacta y demostrando una vez más que este Dīn (religión) se mantendrá protegido hasta el fin de los tiempos.

Dijo el Profeta ﷺ: "Este conocimiento será llevado por los justos de cada generación, quienes lo protegerán de la distorsión de los extremistas, las falsificaciones de los impostores y las interpretaciones erróneas de los ignorantes"[1].

Entre esos justos que protegieron nuestro Dīn encontramos al autor de esta obra, con la cual estamos siendo honrados: el Imam Abu Zayd Abdur-Raḥmān Al-Ajḍari (983 h/1575 g). Este Imam, fiel a la tradición de otro de esos grandes protectores del Din, el Imam Malik ﵀ (179 h), nos legó esta obra, que podemos considerar una joya académica única para todo aquel que desee iniciar su aprendizaje sobre cómo realizar correctamente sus actos de adoración, especialmente la purificación y la oración, según la escuela del imam Mālik ﵀.

Dichoso Imam que, tras más de cuatro siglos, sigue siendo motivo de esfuerzo en la Umma, transmitiéndose su obra a través de comentarios, adaptación en verso[2], memorización, enseñanza en las escuelas, o, como en nuestro caso, mediante traducción y comentario.

---

[1] Ṭaḥāwī, "*Šarḥu Muškilil Āṯār*", (3884), Tabarāni, "*Musnaduš-Šāmiyyīn*", (599).

[2] Consiste en transformar el texto en prosa de una obra en un poema para facilitar su memorización. Como ejemplo de ello sobre la obra de nuestro autor, podemos destacar un poema de 277 versos escrito por el Sheij Abdullah ibn Ahmad ibn Al-ḥāŷŷ de Shanqiṭ.

Damos infinitas gracias a Allah ﷻ por habernos concedido el honor de servir a esta obra y ofrecerla al público hispanohablante por primera vez, con la sincera intención de que marque un renacimiento y un anhelado retorno al Islam tradicional: el Islam de *Ahlus-Sunna wal ŷamā'a*, representado por las cuatro escuelas jurisprudenciales, las cuales han recibido la bendición y aceptación de toda la Umma.

Y para aumentar el beneficio de esta obra, y sacarle el máximo provecho, hemos querido ofrecer al lector, una introducción que conceda una impresión general sobre la jurisprudencia islámica, el desarrollo de esta noble ciencia, la formación de las escuelas, y la importancia de seguir una de las cuatro escuelas de *Ahlus-Sunna wal ŷamā'a*, culminando esta introducción con una pequeña biografía del Imam Mālik y del imam Al-Ajḍari *-que Allah esté complacido con ambos-*.

La Jurisprudencia Islámica, "*Fiqh*"

En el vasto océano del conocimiento islámico, pocas palabras resuenan con tanto significado y profundidad como la palabra "*Fiqh*". Este término se traduce literalmente como "buen entendimiento", por lo que no se trata únicamente de una disciplina académica; *Fiqh* encapsula la esencia misma del entendimiento de la religión, abarcando la palabra de Allah ﷻ y las enseñanzas de Su Mensajero ﷺ.

A lo largo de la historia del Islam, el concepto de *Fiqh* ha sido fundamental para la vida de los musulmanes, guiando sus acciones y decisiones en un mundo en constante cambio. Sin embargo, ¿qué papel jugó esta palabra en la vida del Profeta ﷺ y sus compañeros ؓ? ¿Cómo se tradujo el entendimiento en acciones concretas que influyeron en la comunidad musulmana?

Para responder a estas preguntas, retrocedamos hasta la vida del Profeta ﷺ, y veamos la importancia que le dio al *fiqh*, para que podamos entender el verdadero valor y las raíces de este significado tan primordial en la vida de cualquier musulmán.

Ya desde el periodo profético, nuestro Amado Mensajero ﷺ inculcaba en sus compañeros la importancia de esta disciplina del Din, ya sea invitando directamente a al esfuerzo por conseguirla, suplicando a Allah que concediera este rango a algunos de sus compañeros, afirmando en ocasiones que tal persona o tal otra ha sido honrada con dicho rango, etc.

Narra Zayd ibn Ṯābit ﷺ que el Profeta ﷺ dijo: "Que Allah ilumine el rostro de quien escucha un hadiz de nosotros, lo memoriza y lo transmite a otros, pues es posible que quien lleve consigo conocimiento (*fiqh*), lo transmita a alguien más entendido (*con más fiqh*) que él, y que quien lleve conocimiento no sea él mismo un experto en ello (*no tenga fiqh*)".[3]

Y dijo ﷺ: "A quien Allah quiera el bien, le otorga el conocimiento (*fiqh*) del din"[4]

Y aludiendo al alto nivel de entendimiento al que llegó Abdullah ibn Mas'ūd ﷺ, dijo ﷺ: "Acepto para mi umma lo que acepta para ella Ibnu Ummi 'Abd (ibn Mas'ūd)".[5]

Otro de los relatos conmovedores que ilustran la importancia del *fiqh* es el de Abdullah Ibn Abbās, un joven que tuvo la fortuna de pasar varias noches en la casa del Profeta ﷺ y recibir la bendición de su servicio[6]. Con solo diez años, su admiración y devoción lo llevaron a permanecer una de esas noches despierto, observando a su Amado primo-tío, incapaz de dormir en la cercanía de la Luz de la Creación ﷺ. Su deseo de servir se manifestó en un gesto sencillo pero significativo: preparar agua para la

---

[3] Tirmiḏi (2658). Es un hadiz auténtico narrado por más de seis de los nobles compañeros ﷺ.

[4] Bujāri (71) y Muslim (1037)

[5] Tabarāni, "*Al-Ausaṭ*" (6879)

[6] Pasaba las noches en la casa de Maymūna, la madre de los creyentes, quien a su vez era su tía materna ﷺ.

ablución del Profeta ﷺ antes de la oración. Este acto de devoción no pasó desapercibido; el Profeta ﷺ, conmovido, elevó una súplica por él:

اللَّهُمَّ فَقِّهْهُ فِي الدِّينِ وَعَلِّمْهُ التَّأْوِيلَ

"*Allahumma faqqih-hu fid dīn wa allimhu't ta'wuīl*".

Con estas palabras, el Profeta ﷺ pidió a Allah que le otorgara a Ibn Abbās رضي الله عنه **un entendimiento profundo del *dīn*** y el conocimiento de la interpretación[7].

Este momento pivotal transformó a Ibn Abbās رضي الله عنه en un erudito respetado, cuyo conocimiento sería buscado por los más grandes líderes de la comunidad musulmana. Su historia no solo refleja la importancia del *Fiqh*, sino que también nos invita a reflexionar sobre el papel del conocimiento y el servicio en nuestras propias vidas.

Conociendo la importancia de la indagación y el buen entendimiento, las primeras generaciones de esta umma, realizaron un esfuerzo abrumador para que este *dīn*, el cual fue transmitido de la mejor manera por el Profeta ﷺ, permanezca protegido hasta el fin de los tiempos. Para ello, los buscadores de conocimiento emprendieron largos viajes, con tal de encontrarse con alguno de los Nobles Compañeros del Profeta ﷺ, preguntarle por el significado de cada enseñanza recibida, y obtener las diferentes perspectivas de entendimiento que cada uno de los sabios

---

[7] Bujāri (143)

compañeros tenía. Los compañeros ﷺ, por su parte, emigraron tras el fallecimiento de su Guía y Amado Profeta ﷺ, para transmitir lo que se les había encargado, y así fue como se comenzaron a formar escuelas de conocimiento, y métodos de entendimiento de los textos religiosos. Dichas diferencias de opinión fueron[8] una absoluta misericordia para esta umma, a través de la cual se manifestó una sorprendente **flexibilidad controlada**[9], propia del único sistema de vida eficiente y listo para aplicar en cualquier momento y en cualquier lugar.

En un mundo donde el conocimiento se convierte en una brújula ante la incertidumbre, el *fiqh* se erige como un faro que ilumina el camino hacia una vida en armonía con los principios del Islam.

---

[8] Opté por emplear el verbo en pretérito perfecto simple para que el querido lector no incluya en esta afirmación las diferencias de opinión actuales, ya que, en su mayoría, son fruto de la ignorancia y la falta de formación en la ciencia del *dīn*. Dicho esto, es esencial diferenciar entre la diversidad de opiniones fundamentadas en el conocimiento —como las discrepancias entre los imames de las primeras generaciones, representados principalmente por las cuatro escuelas— y aquellas diferencias basadas en el seguimiento del ego y en la ignorancia tanto del árabe como de las ciencias islámicas.

[9] Los métodos seguidos por las cuatro escuelas jurisprudenciales, son métodos firmes y consistentes, basados en el Corán, la Sunna, la lógica, el conocimiento del árabe, y el entendimiento de los Compañeros del Profeta ﷺ.

Sinónimos de *fiqh*

La ciencia del *fiqh* se presenta bajo diversos nombres que reflejan su profundidad y relevancia. Estos términos no solo son fundamentales para entender la esencia de esta disciplina, sino que también son esenciales para combatir los malentendidos que a menudo rodean su significado en el mundo contemporáneo. Hoy en día, ciertos sectores intentan desvirtuar la nobleza de estos nombres, cargándolos de connotaciones negativas. Sin embargo, es crucial reafirmar que estos términos son parte integral de nuestra fe, y no hay motivo para avergonzarse de ellos.

Uno de los nombres más significativos que recibe el *fiqh* es el de ***Sharīʿa***. En la tradición islámica, *Sharīʿa* no es una palabra que deba evocar temor o desconfianza; al contrario, representa la esencia misma del Islam. Desafortunadamente, algunos grupos han tratado de asociar este término con extremismos y visiones distorsionadas de la religión, olvidando que *Sharīʿa* es la manifestación de la sabiduría y la excelencia que Allah ﷻ ha elegido para la humanidad. Por lo tanto, rechazar la Sharīʿa es, en esencia, rechazar los principios que sustentan nuestra religión.

Otro de los nombres que se relacionan con el *fiqh* es el término **Islam**. Este bendito término tiene un doble significado: puede referirse a la religión en su totalidad o, de manera más específica, **a la práctica y las normas que guían a los creyentes**. El Profeta ﷺ, en un hadiz auténtico compilado por los dos grandes imames, Bujāri y Muslim[10], entre otros, clasifica la religión en tres componentes fundamentales: Islam, īmān e iḥsān. El cumplimiento de estas tres dimensiones es esencial para la plenitud de la fe.

La práctica, mencionada en el hadiz como Islam, incluye la *Sharīʿa* o el *fiqh*, que abordan las adoraciones y las acciones cotidianas de los musulmanes. Preguntas sobre cómo llevar a cabo adoraciones, qué acciones invalidan otras, y de qué manera se realizan adecuadamente, se estudian en esta área. Cabe destacar que la elección de este término "islam" para referirse a la parte práctica del din, esconde una gran sabiduría. Es como si Allah ﷻ quiera transmitirnos que en la práctica tiene que haber entrega y sumisión "islam", es decir, aunque no se entiendan los motivos y la sabiduría que hay en ciertas órdenes, el creyente obedece y cumple con su deber.

En contraste, el **īmān** se asocia con la creencia y la seguridad. No es simplemente un acto o un comportamiento; es una fe que se fundamenta en la razón, en la reflexión y en la comprensión. El īmān es una construcción mental y espiritual, un estado del ser que no se limita a lo que hacemos, sino que abarca la profundidad de lo que creemos.

---

[10] Bujāri (50) (4777), Muslim (8), Abū Dāūd (4695), Tirmiḏi (2610), Nasāi (4990), Ibn Māŷah (63).

Por su parte, el **iḥsān** representa las emociones, los sentimientos y los estados espirituales que otorgan calidad a nuestra práctica y a nuestra fe. Es el impulso que nos lleva a actuar por la única causa que verdaderamente importa: la complacencia de Allah ﷻ. Así, tenemos la práctica del Islam, la razón del īmān y la emoción del iḥsān, formando un tríptico fundamental para nuestra experiencia religiosa.

Cuando Allah ﷻ nos instruye a realizar ciertas acciones o a abstenernos de otras, esa práctica se basa en la confianza que hemos desarrollado en nuestro īmān. Por ello, es válido cuestionar y buscar respuestas en la parte del īmān: ¿Cuál es la prueba de que Allah existe? ¿Cuál es la prueba de que Muhammad ﷺ es el Sello de Sus mensajeros? ¿Puede el Creador ﷻ ordenar la injusticia? Estas interrogantes son parte del proceso de fortalecer nuestra fe.

Sin embargo, una vez que hemos establecido nuestra confianza en Allah, y hemos aceptado que Él es el Justo, el que conoce todo lo beneficioso y perjudicial, el Poderoso, y el que dirige todo en la creación, debemos aceptar que en el ámbito del *fiqh* o islam, la obediencia no puede estar condicionada por el conocimiento de los motivos de la orden. Pedir explicaciones sobre cada precepto es, en cierto modo, un indicativo de que la fe no ha alcanzado su madurez. En la práctica del Islam, nuestra acción se basa en la creencia de que lo que Allah ha ordenado es, sin duda, lo correcto.

En este libro que estamos por leer, encontraremos elementos que podrían desafiar nuestra comprensión inicial. Es natural que no siempre se perciba el sentido inmediato de las enseñanzas. Sin embargo, es fundamental recordar que la esencia del islam radica en la práctica. Mientras que el īmān invita a la reflexión y al debate, la práctica del Islam nos llama a actuar, confiando plenamente en que lo que Allah ﷻ ha legislado es lo más adecuado y beneficioso para nosotros.

Partes del Fiqh

El *fiqh*, o la *sharī'a*, se organiza en cuatro áreas fundamentales que constituyen la esencia de nuestra práctica islámica:

1. **Adoraciones entre siervo y Creador**: esta parte, incluye entre muchos otros temas: la pureza, la oración, el ayuno, el azaque, la peregrinación, y todos los actos de adoración que no interfieren directamente con el derecho social.

2. **Relaciones sociales**: Esta sección abarca el ámbito de las interacciones humanas, incluyendo el matrimonio, el divorcio y la relación entre gobernantes y gobernados. Aquí se tratan las normas que rigen nuestra convivencia en sociedad, y se estudian los derechos y obligaciones que tiene cada individuo en la comunidad.

3. **Tratos económicos**: En este ámbito se estudian las transacciones económicas, contratos, trabajos, pagos y alquileres. Es fundamental entender cómo nuestras prácticas económicas se alinean con los principios de la sharī‘a, para acabar con el clasismo y cerrar la puerta a la usura, la pobreza, los robos y los engaños.

4. **Código penal**: Este aspecto se refiere a las penalizaciones y castigos para quienes infringen las normas. Sin embargo, es crucial entender que estas medidas sólo se aplican en una sociedad que cumple con las tres primeras partes. Si una comunidad no ha asimilado el Islam en su totalidad, aplicar castigos sería ilógico y contraproducente.

Cuando se nos habla de aplicar la parte penal de la sharī‘a, debemos reflexionar. Allah ﷻ establece las penalizaciones en un contexto de justicia y seguridad, donde la sociedad ha integrado plenamente los principios del Islam, y que por lo tanto no quedan motivos para caer en las infracciones y prohibiciones. Una historia de Omar ibn Al-Jaṭṭāb ؓ nos ilustra esta coherencia. En tiempos de sequía en Medina, él suspendió la aplicación de ciertos castigos porque las circunstancias sociales no permitían que la justicia se estableciera adecuadamente[11]. Esta flexibilidad en la aplicación del código penal muestra la sabiduría y la excelencia de la noble sharī’a.

[11] Abdurrazzaq, "*Al-Muṣannaf*" (18990), Ibn Abi Šayba (30491).

Si es tan importante ¿por qué no se redactó durante la vida del Profeta ﷺ?

Un aspecto interesante que surge después de lo mencionado es ¿por qué no se compendió el *fiqh* durante la vida del Profeta ﷺ?

En primer lugar, es necesario saber que la *sharī'a* no se estableció de manera instantánea; se desarrolló a lo largo de 23 años de revelación, donde se derogaron y cambiaron preceptos de acuerdo a la evolución de la comunidad musulmana. El enfoque del Profeta ﷺ fue la revelación del Corán, garantizando que este Texto Sagrado se preservara intacto, ya que será la base principal de la *sharī'a* a lo largo de los tiempos.

Además, en tiempos del Profeta, cualquier duda podía ser resuelta directamente con él. No había necesidad de tener un libro de *fiqh* cuando la autoridad y la sabiduría del Profeta estaban presentes. Finalmente, la diversificación del entendimiento de los textos entre los eruditos fue un designio divino, permitiendo a la Umma encontrar soluciones a problemas específicos sin excluir a nadie del camino del Islam.

El *fiqh*, por tanto, es un campo en constante evolución, aunque con bases y método de deducción fijo, que refleja la riqueza de nuestra tradición y la flexibilidad del Islam ante las circunstancias cambiantes.

¿Por qué cuatro escuelas, no cuarenta?

La pregunta de por qué existen las cuatro escuelas de jurisprudencia islámica—Ḥanafī, Mālikī, Shāfi'ī y Ḥanbalī—nos lleva a un profundo examen del desarrollo del pensamiento islámico. Es importante destacar que nadie ha designado a estos cuatro imames como los únicos herederos de la *sharī'a* o como los únicos defensores de su comprensión. Durante la época en la que vivieron, había cientos de imames cuyas opiniones y enseñanzas también formaron parte de la rica tradición islámica. De hecho, se estima que, en los tiempos de los cuatro imames, existieron hasta **cien escuelas** distintas. Sin embargo, con el paso del tiempo, muchas de estas escuelas se desvanecieron, y los escritos de sus alumnos no se preservaron adecuadamente.

Hoy, la aceptación generalizada de estas cuatro escuelas se basa en la cuidadosa documentación de sus enseñanzas y el consenso de la umma sobre su validez. Al alejarnos de estas escuelas, corremos el riesgo de caer en interpretaciones aisladas que no reflejan el entendimiento colectivo de los compañeros del Profeta Muhammad ﷺ. Esto es especialmente relevante al considerar el contexto histórico en el que vivieron los imames.

Por ejemplo, Abū Ḥanīfa nació en el año 80 de la Hégira, solo setenta años después del fallecimiento del Profeta ﷺ, y tuvo la oportunidad de interactuar con compañeros del Profeta ﷺ, tales como Anas Ibn Malik رضي الله عنه. También cercano a esta era, está el imam Malik, quien nació en el año 93, y logró vivir en un contexto vinculado a la tradición de los herederos del Profeta y la generación de sus seguidores. La proximidad de estos imames a las primeras generaciones de musulmanes les permitió transmitir un conocimiento que estaba profundamente enraizado en la tradición profética, y contextualizado por las sociedades que habían convivido junto al Profeta ﷺ o sus compañeros ﷺ.

Por lo tanto, al afirmar que seguimos a Abū Ḥanīfa o Mālik, no estamos simplemente eligiendo a un individuo, sino que estamos optando por seguir a Rasulullah ﷺ, a través de la interpretación y el conocimiento de unos grandes sabios, rodeados de sabios pertenecientes a la mejor de las generaciones de toda la historia.

En la actualidad, encontramos a menudo argumentos en contra de estas escuelas que carecen de fundamento y que, en ocasiones, revelan una falta de comprensión de la profundidad de esta tradición. Algunos afirman, erróneamente, que ellos siguen únicamente al Profeta ﷺ, sin reconocer que su interpretación está, en realidad, influenciada por su propio entendimiento, el cual está muy alejado de la rica herencia transmitida por los grandes imames.

La tradición de la *sharī'a* es un legado que no se limita a libros; se transmite a través de una cadena de conocimiento, donde cada generación de eruditos hereda el saber de la anterior.

Este es el verdadero secreto de la herencia profética, un lazo que no se puede romper ni descuidar. Así, al mantenernos conectados a esta cadena de transmisión, aspiramos a obtener las bendiciones del conocimiento y a convertirnos, si Allah lo permite, en herederos del legado del Profeta Muhammad ﷺ.

Biografía del Imam Mālik ibn Anas[12]

Él es el **Shayjul-Islam**, el argumento de la Umma, el Imam de la Ciudad del Profeta (Madīnah), Abu 'Abdullāh Mālik ibn Anas ibn Mālik ibn Abī 'Āmir ibn 'Amr ibn al-Ḥārith ibn Ghaymān ibn Khuthayl ibn 'Amr ibn al-Ḥāriṯ, de la tribu Dhu Aṣbaḥ, descendiente de 'Awf ibn Mālik ibn Zayd ibn Shaddād ibn Zur'ah. Pertenece a la rama de los Himyar menores y a los aṣbaḥíes de Madīnah.

Nacimiento del Imam Mālik

El Imam Mālik, nació según la opinión más correcta en el año 93 de la Hégira, el mismo año en que falleció Anas ibn Mālik, el servidor del Profeta Muḥammad ﷺ.

El juez Abu'l-Faḍl 'Iyāḍ ibn Mūsā al-Yaḥṣubī (fallecido en 524 h/1130 g) menciona: *'Hubo muchas discrepancias respecto a la fecha de su nacimiento, pero lo más aceptado es el relato de Yaḥyā ibn Bakr, quien dijo que nació en el año 93 de la Hégira, durante el califato de Sulaymān ibn 'Abd al-Malik ibn Marwān'.*[13]

---

[12] Véase su biografía detallada en: Bujāri, "*At-Tārijul Kabīr*", 7/310, Ibn Abī Ḥātim, "*Taqdimatul Ŷarḥi wat-Ta'dīl*", Ibn Hibban, "*Aṯ-Ṯiqāt*", Al-Mizzi, "*Tahḏībul Kamāl*", 27/91, Ḏahabi, "*Siyaru A'lāmin-Nubalā*", 8/49-108.

[13] Qāqi 'Iyāḍ, "*Tartībul Madārik*", 1/118.

Educación y búsqueda del conocimiento:

El Imam Mālik relató: *"Le dije a mi madre: '¿Puedo ir a escribir conocimiento?' Y ella respondió: 'Ven aquí, primero ponte las vestimentas del conocimiento'. Entonces me vistió con ropa ajustada, colocó un turbante sobre mi cabeza, y dijo: 'Ahora puedes ir a aprender'"*.

Solía aconsejarle: *"Ve a Rabī'a y aprende primero sus modales antes que su conocimiento"*. Ciertamente quien tiene una madre como esta detrás de él, no es de extrañar que alcanzara el nivel de liderazgo y excelencia que tuvo.

El Imam Mālik creció entregándose al estudio y haciendo sacrificios por el conocimiento, buscando siempre la compañía de los grandes sabios. Sobre esto, 'Abdur-Raḥmān ibnul-Qāsim Al-'Utaqi narró: *"El esfuerzo de Mālik por buscar el conocimiento lo llevó al punto de que desmontó el techo de su casa y vendió su madera. Después de eso, la riqueza del mundo se inclinó hacia él"*.

Además, el Imam Mālik se inspiraba en las lecciones que aprendía de los eventos cotidianos y las convertía en una motivación para redoblar sus esfuerzos en adquirir conocimiento. Relató: *"Tenía un hermano que tenía la misma edad que Ibn Šihāb. Un día, nuestro padre nos presentó un tema, y mi hermano respondió correctamente mientras que yo fallé. Mi padre me dijo: 'Te ha distraído el cuidado de las palomas de buscar conocimiento'. Me enfadé tanto que me dediqué exclusivamente a Ibn Hurmuz durante siete años —en otra narración, ocho— sin estudiar con nadie más".*

Durante este tiempo, el Imam explicó: "*Solía poner dátiles en mi manga y se los daba a los hijos de Ibn Hurmuz, diciéndoles: 'Si alguien pregunta por el Sheij, decid que está ocupado'*". También mencionó que había hecho un cojín relleno para protegerse del frío mientras esperaba a las puertas de Ibn Hurmuz o en el patio de la mezquita donde solía enseñar.

El Imam Mālik dijo: "*Una persona solía acudir a un sabio durante treinta años para aprender de él.* Los compañeros de Mālik decían: "*se refiere a sí mismo*".

El Imam Mālik relató: *"Solía ir donde Nāfi' (fallecido en el año 117 h) al mediodía, bajo el sol, sin que siquiera la sombra de un árbol me protegiera. Esperaba hasta que salía, y entonces fingía que no lo necesitaba en absoluto. Luego me acercaba y lo saludaba con cortesía. Cuando él entraba al pórtico, aprovechaba para preguntarle: '¿Qué opinaba Ibn 'Omar sobre tal y tal asunto?' Entonces me respondía, y yo me retiraba".*

Añadió que Nāfi' era de temperamento firme, por lo que tenía que abordar cada interacción con suma precaución. Sobre Ibn Hurmuz, Mālik afirmó: *"Acudía a él por la mañana y no me marchaba de su casa hasta la noche.*

Ismāʿīl ibn Abī Uways, sobrino del Imam Mālik, narró: *"Escuché a Mālik decir: 'Este conocimiento es parte de la religión, así que asegúrense de quién lo toman. He conocido a setenta personas en esta mezquita que decían 'El Mensajero de Allah ﷺ dijo...', pero no tomé nada de ellos. Aunque si se les confiara un tesoro, serían dignos de confianza, sin embargo, no eran aptos para esta tarea del conocimiento.*

Este testimonio subraya el meticuloso estándar del Imam Mālik al seleccionar a sus maestros y su enfoque en la autenticidad y precisión en la narración de hadices. Tomaba el conocimiento solo de aquellos que eran conocidos por su confiabilidad y habilidad en la transmisión.

Como resultado de ello logró los más altos rangos. Dijo el imam Az-Zurqāni en la introducción de su "*Comentario de Al-Muaṭṭā*": "*Mālik adquirió el conocimiento de más de novecientos maestros. No asumió la posición de dar fetuas hasta que setenta imames certificaron su idoneidad para ello. Transcribió con su propia mano cien mil hadices, comenzó a enseñar a los diecisiete años, y su círculo de conocimiento llegó a superar, en vida, los de sus propios maestros. Las personas se reunían a su alrededor como quien se congrega a las puertas de un sultán*"[14].

[14] Zurqāni, "*Šarḥul Muaṭṭā*", 1/53

Obra del Imam Mālik

"Al-Muaṭṭā"

La obra principal del imam Mālik, y que toda la umma a lo largo de los siglos ha gozado de las enseñanzas que reúne, y la bendición que comprende es "*Al-Muaṭṭā*", una obra que, según el método elegido por su autor[15], se escribió para **reunir los hadices auténticos más importantes, y las conocidas narraciones de los alfaquíes de entre los compañeros ﷺ, además de reunir aquello que ha sido aceptado por la mayoría de los hombres de conocimiento en Medina**.

Esta obra consiste en un compendio de hadices organizados según la temática jurisprudencial. Después de mencionar los hadices los sigue con las narraciones y opiniones de los compañeros o de los *tābi'īn* y concluye finalmente con su dictamen final. Dicho trabajo tuvo tanta aceptación, que los ulemas y buscadores de conocimiento emprendían largos viajes con tal de recibirla y leerla directamente ante el autor. Otro de los aspectos de grandeza de esta obra, es que la versión final es el fruto de un trabajo

[15] No lo expresó tal cual lo mencionamos, sin embargo, repasando las fuentes históricas que informan sobre el motivo que llevó al imam Malik a escribir su "*Muaṭṭā*", y las respuestas que daba cuando se le preguntaba, vemos que aludió a los criterios mencionados arriba. Estos detalles se encuentran recogidos en una obra escrita en árabe por este servidor, titulada *"Las narraciones de Mālik fuera de su Muaṭṭa"*. Pedimos a Allah que nos conceda la pronta publicación de esta obra.

de 40 años. Cuarenta años en los que se leía en un círculo de conocimiento liderado por el mismo autor, y que en cada lectura quitaba y añadía, reorganizaba y corregía, hasta poco antes de su fallecimiento.

"Al-Mudawwanatul Kubrā"

La segunda obra relacionada directamente con el Imam Mālik es la *Mudawwana*, una recopilación elaborada por el alumno del alumno del Imam Mālik: 'Abd al-Salām ibn Sa'īd At-Tanūjī, más conocido como Suḥnūn. Nacido en Qairuán (Túnez), Suḥnūn dedicó su vida al camino del conocimiento, sirviendo al destacado discípulo del Imam Mālik, 'Abdur-Raḥmān ibnul Qāsim Al-'Uṭaqi. Este último transmitió a Suḥnūn las preguntas que había planteado al Imam Mālik y las respuestas que había recibido de él. Sin duda, esta obra constituye una recopilación única del legado intelectual del Imam Mālik y es considerada una joya incomparable en el ámbito del conocimiento islámico. Dada su importancia los imames de la escuela maliki no escatimaron en esfuerzo a la hora de servir y comentar esa hermosa obra.

Fallecimiento del Imam Mālik

Bakkār ibn Salīm narró: *"Entramos a la casa del Imam Mālik la tarde en que falleció. Le preguntamos: 'Oh, Abu 'Abdullāh, ¿cómo te encuentras?' Respondió: 'No sé qué deciros, excepto que mañana presenciareis una misericordia de Allah que nunca imaginasteis. No nos marchamos hasta que cerró sus ojos".*

En otra narración el imam recitó: *"A Allah pertenece el mandato antes y después"*, y pronunció el testimonio de fe. Y así fue como falleció, en **Rabī'ul Awwal del año 179 h.**

Biografía del Imam 'Abdurraḥmān Al-Ajḍari[16]

Abu Zayd, 'Abdurraḥmān Al-Ajḍari. De una familia de conocimiento y rectitud, el erudito jurista, el virtuoso y justo sheij, un investigador profundo y experto en diversas ciencias. Nació en 920 h (1514 g) en el pueblo de Nabṭūs, cerca de Baskara, en Argelia. Recibió sus primeras enseñanzas de su padre, Muhammad Aṣ-Ṣagīr, y continuó sus estudios con otros eruditos notables de la región. Su formación incluyó disciplinas como la jurisprudencia islámica (fiqh), lógica (manṭiq), retórica (balāgha) y sufismo.

Al-Ajḍari viajó extensamente para adquirir conocimiento, estudiando en la famosa Universidad Zaytuna en Túnez. Eventualmente regresó a su región natal, donde dirigió una escuela o zauía establecida por su familia, convirtiéndola en un centro de aprendizaje que atrajo a estudiantes de lugares lejanos.

Poseía obras conocidas, y los relatos sobre sus virtudes sobrenaturales (*karamāt*) eran ampliamente transmitidos. Entre sus escritos se encuentra un poema sobre el comportamiento espiritual que se asemeja a "*Al-Mabāḥiṯul*

---

[16] Véase su biografía en: Majlūf, "*Šaŷaratun-Nūri-Zakkiyya*", 1/412, Zarkali, "*Al-A'lām*". 3/331

Aṣliyya", destacando por la claridad de su estructura y la excelencia de su estilo.

Es autor de numerosos textos y poemas didácticos, incluyendo *Al-Sullamul Murawnaq*, un poema sobre lógica ampliamente estudiado en el mundo islámico, junto a su comentario y *Ad-Durratul Bayḍā'*, un poema sobre las reglas de la herencia, y su comentario entre otros. Su obra abarca temas como jurisprudencia, gramática, purificación espiritual, y astronomía.

Falleció en 983 h (1575 g) y fue enterrado cerca de su lugar de nacimiento, cumpliendo su deseo de reposar cerca de su familia.

Que Allah esté complacido con él y con todos los imames que sirvieron este noble Dīn, y que nos reúna con ellos al servicio de Sayyidul Mursalīn ﷺ.

Importancia de la obra

La obra del imām Al-Ajḍari, aunque modesta en su extensión, ha logrado conquistar la admiración y el respeto de todos los imames y maestros de la escuela maliki. Su influencia es tal que resulta casi impensable que un estudioso de este maḏhab no haya recorrido las páginas de esta obra bendita en su proceso formativo. De hecho, algunos imames llegaron a componer textos y poemas condenando a aquellos que osan aprender el maḏhab sin haberse sumergido primero en esta obra esencial, o en su equivalente, la obra del imām Al-'Ashmāwi.

Los sabios de la escuela maliki, conscientes de la profundidad y complejidad de su fiqh, establecieron un camino claro y ordenado para el aprendiz que desee sumergirse en el conocimiento del maḏhab de la forma más pura y correcta. Esta "escalera" de aprendizaje, cuidadosamente diseñada, es la siguiente:

1. **Matnul Ajḍari o Al-ʻAšmāwiyya**[17]
2. **Ibn ʻAšir**
3. **La Risāla de Ibn Abī Zayd**[18]
4. **Mujtaṣar Jalīl**

Quien siga este sendero, escalón por escalón, recibirá el fiqh de la escuela maliki como una suave lluvia que empapa su ser, gota a gota, asegurando que cada principio se asimile con la debida comprensión y profundidad. Así, no solo alcanzará el dominio del maḏhab, sino que, con el tiempo, podrá adentrarse en las grandes y complejas obras de la escuela maliki, con la certeza de que ha sido guiado por el camino más recto y sólido.

Con el firme propósito de contribuir a este proceso de formación dentro de la escuela maliki, y tras haber realizado la oración de la istijāra y consultado a mis maestros, sentí la apertura y el impulso de ofrecer esta joya de la escuela maliki al público hispanohablante.

---

[17] Fue traducida y publicada por el centro cultural islámico catalán de Clot (Barcelona).

[18] Fue traducida un par de veces. La segunda de ellas, y la mejor entre las dos, es la del Ustāḏ Ali Laraki -que Allah lo recompense-

Así, he tenido el honor de traducirla y comentarla al español por primera vez[19], con la esperanza de que esta obra sirva como un faro para aquellos que deseen adentrarse en el conocimiento profundo de esta escuela.

Ruego fervientemente que, en un futuro, alguien continúe este noble esfuerzo, completando la bendita escalera maliki, para que toda nuestra sociedad pueda adorar a su Señor, ﷻ, de la manera más correcta y virtuosa. Que este esfuerzo sea un humilde retorno al conocimiento transmitido por los verdaderos imames, cuyo legado nos ilumina y guía, y que nuestra práctica se enriquezca con la sabiduría pura y auténtica de la tradición.

Metodología de Traducción

Con el propósito de brindar al querido lector una obra entendible y fácil de poner en práctica hemos seguido en nuestro trabajo las siguientes pautas:

1. La obra original está dividida en capítulos generales, los cuales, en muchas ocasiones, pueden no proporcionar la orientación exacta que el lector necesita. Esto se debe a que la obra fue escrita con el propósito de que los estudiantes de

[19] Las semillas de este trabajo se sembraron con las clases de Matnul Ajḍari impartidas por un servidor en la mezquita de Alcalá de Henares, allá por 2019, en las cuales mi hermano Rifad, -que Allah lo recompense-, tomaba los apuntes y los redactaba en castellano, y desde ese entonces puse la intención de ofrecer esta joya al público hispanohablante, pero no se facilitó hasta este momento.

las madrasas la estudiaran y memorizaran, por lo que no era necesario incluir demasiados subtítulos, ya que se esperaba que los alumnos se familiarizaran completamente con el texto. Sin embargo, dado que el público que leerá este comentario no necesariamente estará en el proceso de memorización ni será un especialista en la obra, sino que puede estar buscando respuestas específicas a preguntas concretas, he optado por añadir subtítulos aclaratorios que sirvan como guía para el lector. Estos subtítulos aparecerán entre corchetes, con el fin de preservar la originalidad del texto y respetar su estructura original.

2. El sistema de transliteración seguido en esta obra es el que aparece en la siguiente tabla, salvo aquellas palabras que se han castellanizado, Y expreso mis disculpas anticipadas por

Transcripción	Letra árabe	Transcripción	Letra árabe
ʼ/ʾ (salvo inicial)	ء	ḍ	ض
b	ب	ṭ	ط
t	ت	ẓ	ظ
ṯ	ث	ʻ/ʿ	ع
ŷ	ج	g	غ
ḥ	ح	f	ف
j d	خ د	q k	ق ک / ك
ḏ	ذ	l	ل
r	ر	m	م
z	ز	n	ن
s	س	h	ه
š	ش	w	و
ṣ	ص	y	ي

Vocales largas		Vocales cortas		*Tanwin*		Geminación			
á/ā	ا / ى	a	ـَ	an	ـً	ww	وّ	yy	ـيّـ
ī	ي	i	ـِ	in	ـٍ	Diptongos			
ū	و	u	ـُ	un	ـٌ	aw	ـَوْ	ay	ـَيْ

cualquier palabra que salga del sistema mencionado por error o por olvido:

3. La edición original de la cual he traducido el texto es la publicada por la imprenta Muhammad Ali Ṣubaiḥ e hijos. No obstante, debido a las numerosas diferencias existentes entre las distintas ediciones, también he recurrido a la copia seleccionada por el gran imām Muhammad ibn Muhammad Sālim Al-Maŷlisi Aš-Šanqiṭi. Esto me ha permitido corregir algunos errores y omisiones presentes en la edición principal sobre la que me basé para esta traducción.

4. Dado que este libro fue escrito para aquellos que se inician en el fiqh maliki, he optado por no extenderme demasiado en los comentarios aclaratorios, sin embargo, me he asegurado de que el texto no quede en ningún momento ambiguo ni poco claro. Mi intención ha sido proporcionar explicaciones suficientes para facilitar la comprensión, sin alterar la esencia original de la obra.

5. Todas las obras y fuentes a las que remito al lector se encuentran recopiladas al final del libro, con el fin de ofrecer al lector una oportunidad para familiarizarse con las obras del maḏhab y, al mismo tiempo, mantener el rigor académico de esta obra. Esta sección servirá como una guía para aquellos interesados en profundizar aún más en el estudio del fiqh maliki, asegurando la veracidad y el respaldo de las referencias utilizadas.

6. En caso de que alguien se sienta perdido entre los comentarios, puede pasar directamente a la sección final de la obra, **donde he incluido el texto del compendio sin**

ningún comentario adicional. Esta sección ha sido diseñada como una herramienta útil para repasar, estudiar, enseñar e incluso, por qué no, memorizar, ofreciendo al lector la oportunidad de interactuar con el texto en su forma original y sin intermediarios.

7. El texto original fue redactado sin una estructura definida ni una enumeración de los puntos y cuestiones tratadas, lo que puede dificultar la comprensión de la obra. Por esta razón, he procedido a enumerar y organizar las cuestiones de manera que favorezca una lectura más clara y amena, facilitando así la comprensión del contenido.

8. Dado que el imām Al-Ajḍari proviene de una región de geografía mixta, situada entre el clima desértico del Sáhara y las rocosas montañas de los Aurés, su método de escritura es muy directo y, en ocasiones, poco estructurado. Por lo tanto, en la práctica, puede resultar algo difícil aplicar las enseñanzas de su obra, especialmente para el joven musulmán del siglo XXI. Con el fin de facilitar la comprensión y aplicación de estos principios, he añadido un apéndice al final de la obra, en el que presento un manual detallado sobre cómo realizar un ṣalāt excelente, paso a paso, desde la consagración hasta el salām, proporcionando así una guía clara y práctica que complementa las enseñanzas de Al-Ajḍari.

Finalmente, pido a Allah, el Más Misericordioso, que acepte este humilde servicio y que conceda beneficio a todo aquel que se acerque a estas palabras. Si encuentras conocimiento y beneficio en ellas, sabe que todo proviene de la generosidad de Allah, de la luz de Aquel que transmitió el mensaje, y de la bendición de nuestros nobles y virtuosos imames. Y si, en cambio, hallas carencias y defectos, serán únicamente de mí, quien está falto y limitado en su capacidad. Que Allah nos perdone y nos guíe siempre por el camino recto y nos reúna en los espacios de la luz del conocimiento. Āmīn

Redactado por:

BARÁ AL-HASHIM

-Servidor de la Noble Sunna-

Viernes, 27 de Ŷumādal ūla del 1446 de la noble hégira

29 de Noviembre del 2024

CADENA DE TRANSMISIÓN DE LA ESCUELA MĀLIKI

Una de las mayores bendiciones que Allah ha concedido a esta Umma es el don de un conocimiento puro y preservado, transmitido a través de cadenas ininterrumpidas de transmisión. Cadenas que están formadas por virtuosos sabios y rectos narradores, generación tras generación, desde nuestro Amado Profeta ﷺ hasta el último de nuestros maestros. Con el propósito de honrar esta tradición, recordar a estos nobles hombres y rogar por la continuidad de su bendición; y como muestra de gratitud hacia todos aquellos que han contribuido a que este conocimiento llegue a nosotros en su forma más pura, allanándonos el camino hacia Allah, me dispongo a mencionar algunas de las cadenas que me vinculan con el Imam Mālik Ibn Anas, *-que Allah le conceda Su misericordia y satisfacción-*

Gracias a Allah ﷻ recibí el *fiqh* de la escuela māliki, a través de varios maestros, entre los que destacan:

Sayyidi el Sheij Muhammad Jālid Ajūna Aš-Šanqīṭi, el Sheij Muhammad Al-Hasan Al-Hasani Aš-Šanqīṭi, el Sheij Aš-šarīf Muŷtabā ibn Al-Hasan Aš-Šanqīṭi, el Sheij Ahmad Maulūd Al-Ya'qūbi, el Sheij Jālid Al-Ḥāzimi de Túnez, el Sheij Ahmad At-Tūzāni de Tānger.

Y a través de la *iŷāza*, de parte de Sayyidi As-Sayyid Ibrahīm Al-Ahsā-i, el Sheij Muhammad Ibrahīm Abdul-Bā'iṯ Al-Kittāni de Alejandría, el Sheij Muhammad Aṭ-Ṭāhir Āyat 'ilŷat de Argelia, el Sheij Abdullah At-Talīdi de Tānger, entre otros *-que Allah esté complacido y tenga misericordia de todos ellos-*.

Y para no alargar tanto esta introducción me conformaré con mencionar tan solo una de las cadenas que me unen al imam Mālik.

Digo entonces *-refugiándome en Allah de que esta cadena sea una prueba contra mí en el Día de la Resurrección-*:

Me conecto al imām Mālik de la mano de Sayyidi el Sheij (27) **Muhammad Jālid Ajūna Aš-Šanqīṭi**, quien lo recibió del Sheij (26) **Muhammad Abdullah Āddu**, del Sheij (25) **Muhammad Habibullah bin Māyāba**, del Sheij (24) **Muhammad Ŷa'far Al-Kittāni**, del Sheij (23) **Muhammad Ibn Qāsim Al-Qādiri**, del Sheij (22) **Muhammad Al-Madani Kunūn**, del Sheij (21) **Muhammad Al-Badr Al-ḥumūmi**, del Sheij (20) **Muhammad A-Tāudi bin Sawda**, del Sheij (19) **Ahmad Al-Lamṭi** y del gran imām (19) **Muhammad Abdus-Salām Al-Bannāni**, del Sheij (18) **Muhammad Al-Fāsi**, del Sheij (17) **Abdul-Qādir Al-Fāsi**, del Sheij (16) **Abdur-Raḥmān Al-Fāsi**, del Sheij (15) **Muhammad ibn Qāsim Al-Qaṣṣār**, del Sheij (14) **Riḍwān ibn Muhammad Al-ŷanawi**, del Sheij (13) **Abdur-Raḥmān Al-'Aṣimi**, del Sheij (12) **Zakariyya ibn Muhammad Al-Anṣāri**, del Sheij (11) **Ibrahim ibn Ṣadaqa**, del Sheij (11) **Ahmad ibn 'Īsā As-Suaydawi**, del Sheij (10) **Abdul-Aziz ibn Zaknūn**, del Sheij (9) **Abdullah ibn Muhammad ibn Ḥārūn Al-Qurṭubi**, del imam (8) **Ahmad Ibn Yazīd Al-Qurṭubi**, del imam (7) **Muhammad ibn Abdul-Haqq Al-Jazraŷi**, del imam (6) **Muhammad ibn Faraŷ**, del imam (5) **Yūnus ibn Abdillah ibn Aṣ-ṣaffār**, del imam (4) **Abu 'Īsā Yahya ibn Abdillah Al-Layṯi**, del imam (3) **Ubaydillah ibn Yahya Al-Layṯi**, del imām (2) **Yahya ibn Yahya Al-Layṯī** de la mano del Imam de Medina, (1) **Mālik Ibn Anas Al-Aṣbaḥi** ﵁.

Y para culminar este honor conviene destacar que Mālik ﵁ recibió gran parte de su conocimiento de la mano del Imam (3) **Nāfi'**, quien recibió su conocimiento del noble compañero (2) **Abdullah Ibn 'Umar** ﵄ quien lo recibió de la Luz de La Creación, (1) **Sayyiduna Muhammad ibn Abdillah** ﷺ *-que las bendiciones y paz de Allah sean con él cada vez que acuda al conocimiento un buscador o se aparte de él un perdedor-*.

Dicho esto, ruego al querido lector que eleve una súplica por nuestros maestros, quienes no escatimaron en entrega ni sacrificio, dedicándose por completo al noble objetivo de transmitir la luz del Profeta ﷺ, para que podamos contemplarla en pleno siglo XXI de la forma más clara y accesible posible.

Que Allah esté complacido con todos ellos, y que nos conceda el honor de seguir sus pasos y dar continuidad a esta noble cadena. Sin duda, formar parte de esta sublime cadena es uno de los más grandes honores y una fuente de inmensa alegría, al contemplar cómo la gracia divina ha preservado Su Din a través de estos hombres, generación tras generación, a lo largo de los siglos.[20]

¡Alabado sea Allah en cada comienzo y en cada final!

Redactado por:

BARÁ AL-HASHIM

-Servidor de la Noble Sunna-

[20] IMPORTANTE: el hecho de haber leído este libro, no es suficiente para incluirse en la cadena mencionada. Para ello se debe recibir la *iŷāza* de un maestro que haya recibido la certificación de sus maestros hasta el Profeta ﷺ.

MATNU'L AJḌARI

Dijo el Imam Abu Zayd, Abdurrahman ibn Muhammad Al-Ajḍari:

En el nombre de Allah, el Clemente, el Misericordioso

Alabado sea Allah, Señor de los mundos y que la bendición y la paz sean sobre nuestro Maestro Muhammad, el Sello de los Profetas y el Líder de los Mensajeros[21]:

[21] Todo asunto de importancia debe ser iniciado con la "*tasmiya*", es decir, en el nombre de Allāh, seguida de alabanzas al Creador y unas bendiciones enviadas a la Perla de esta creación ﷺ. Se inicia con la "*tasmiya*" o "*basmala*" siguiendo los pasos del Noble Corán, pues cada sura en él comienza con la "*tasmiya*", salvo la sura At-Tauba. Y siguiendo también la tradición del Profeta ﷺ, quien ordenaba iniciar todas sus cartas con "*Bismillāhir-Rahmānir-Rahīm*". Se sigue con las alabanzas o "*ḥamdala*", para seguir también los pasos del Noble Corán, que fue iniciado con "*Alḥamdu lillāhi Rabbil 'ālamīn*", además de no caer en la deficiencia de la que advirtió el Profeta ﷺ cuando dijo: "Cada asunto de importancia que no se inicie con las alabanzas a Allāh será deficiente" [Abu Dāūd (4840), Ibn Māŷah (1894)]. Y se termina con la petición de bendiciones por el Profeta ﷺ, debido entre otras razones, a que fue narrado que el Profeta ﷺ dijo: "Todo asunto de importancia que no se inicie enviándome bendiciones será falto, deficiente y de nula bendición". [Véase: Munāui, Abdur-Ra-ūf, "*Fayḍul Qadīr*", 5/14]. Esta narración, aunque se considere débil, se puede aceptar y estimar, ya que

Lo primero que se le exige a quien alcanza la pubertad es[22]:

Corregir su creencia[23], luego conocer aquello con lo que adecue sus obligaciones, como los juicios de la oración, la purificación, y el ayuno[24].

---

trata sobre actos supererogatorios que no afectan a la jurisprudencia o credo islámico. [Para más información véase: "El Elixir", pág.48-50]

[22] La madurez se alcanza cuando se cumplen una de estas señales: expulsión del líquido seminal, ya sea en el sueño o estando despierto, abundancia de vello púbico, menstruación y embarazo. En caso de que no se cumpla ninguna de las señales mencionadas, se considera que la persona ha alcanzado la pubertad al llegar a una edad en la cual, generalmente, es improbable que no lo haya hecho. Según Mālik, no existe una edad exacta para determinar esto; sin embargo, muchos imames de la escuela consideran que dicha edad es de 15 años, mientras que otros la sitúan en los 18 años. [Ibn AbdulBarr, "*Al-Kāfī*", 1/330, Qāḍi AbdulWahhāb, "*Šarḥur-Risāla*", 1/226]

[23] Existen diferentes opiniones sobre cuál es la primera obligación de quien ha alcanzado la pubertad. Una postura sostiene que el primer deber es **reflexionar y meditar** sobre la creación y el Creador. Otra opinión afirma que lo primero que se exige es **pronunciar el testimonio** de fe. Por su parte, algunos consideran que la primera obligación es **la creencia** misma, mientras que otra postura, adoptada por varios imames, establece que es **el conocimiento de lo necesario, lo imposible y lo posible** respecto a Allah y Sus Mensajeros. [Véase: Dardīr, "*Šarḥul Jarīda*", pág.39]

[24] El creyente tiene la obligación de adquirir el conocimiento necesario relacionado con las acciones que pretende realizar. Por ejemplo, quien desea abrir un negocio está obligado a conocer las enseñanzas del Dīn relacionadas con el comercio; y quien tiene la intención de casarse debe estudiar el fiqh del matrimonio, entre otros casos. Dicho esto, la ignorancia no se considera una excusa válida para quien no cumpla con los pilares de las adoraciones, excepto en circunstancias particulares,

También se le exige preservar los límites de Allah, y detenerse ante Su mandato y prohibición[25], y arrepentirse[26] ante Allah ﷻ antes de que merezca Su Ira.

Las condiciones de validez de la ***tawba***[27] (arrepentimiento y regreso a Allah) son:

---

como cuando una persona entra al Islam en una tierra no islámica o carece de los medios para acceder al conocimiento básico necesario.

[25] Narra Abu Huraira ؓ que escuchó al Profeta ﷺ decir: "Aquello que os **prohíba, evitadlo**; y aquello que os **ordene**, **cumplidlo en la medida de vuestras capacidades**" [Muslim (1337)]. Este hadiz indica que abstenerse de las prohibiciones es más importante que cumplir con las órdenes. Esto se debe a que evitar los pecados no requiere de una acción activa, sino simplemente de abstenerse, mientras que cumplir con las órdenes implica esfuerzo, fuerza y disponer de ciertos medios relativos.

[26] El arrepentimiento se divide en dos categorías: **obligatorio** y **supererogatorio**. El **obligatorio** es aquel que implica arrepentirse de haber cometido infracciones o pecados específicamente determinados como tales por la **Sharía**, sean pequeños o grandes. El **supererogatorio** es aquel que se realiza tras haber cometido algo detestable, o después de pasar de un estado espiritual inferior a otro superior. Dijeron los maestros: "*La **Tawba** es una estación que siempre acompaña al siervo, ya que, cada vez que sube un escalón en su camino hacia Allah, se arrepiente de haber estado en el nivel anterior*".

[27] La **Tawba** es uno de los aspectos que distingue a nuestra **umma**. En las religiones anteriores al Islam, quien cometía una infracción encontraba dicha falta escrita en la puerta de su casa, sobre su frente o en el miembro con el cual cometió la infracción, y la única expiación posible era la autolesión de ese miembro. Por otro lado, en la cristiandad, tergiversada por Pablo de Tarso, se enseña que para que un cristiano sea perdonado debe confesarse ante un sacerdote, poniendo así a los seres humanos en el rango de Dios. En el Islam, sin embargo, para regresar a Allah ﷻ, basta con arrepentirse sinceramente, en un acto personal entre el siervo y su Creador.

1. Arrepentirse de lo que pasó.[28]
2. Poner la intención de no volver a la infracción en lo que resta de su vida.
3. Dejarla al instante[29] si la está cometiendo.[30]

No le es lícito retrasar la *tawba* ni decir: "Esperaré hasta que Allah me guíe", ya que esto es una de las señales de la perdición, la decepción y el velo del discernimiento.[31]

---

[28] Abdullah ibn Mas'ūd ﷺ narra que el Profeta ﷺ dijo: "El arrepentimiento es Tawba" [Ahmad (3568), Ibn Māŷah (4252)]. Por lo tanto, no se considera verdaderamente arrepentido a quien menciona sus pecados pasados con cierta nostalgia, o riendo junto a sus amigos. Cabe destacar que el arrepentimiento requerido es un arrepentimiento fruto del recuerdo de la grandeza del Creador, la deshonra del pecado y el miedo al castigo divino. Sin embargo, si el arrepentimiento es fruto del daño a su reputación social, no sería válido. Téngase en mente. [Para más información véase: Gazāli, "*Minhāŷul 'Ābidīn*", pág.54-64]

[29] Por lo tanto, la verdadera Tawba es la que abarca los tres tiempos; arrepentimiento por el pasado, abstención en el presente, e intención firme de no volver a cometer la infracción en el futuro.

[30] En caso de que la infracción tenga relación con los derechos de los humanos, también se añade un cuarto requisito que consiste en devolver a los demás lo que es suyo o pedir su perdón.

[31] Es esencial apresurarse en realizar y renovar la Tawba por tres razones fundamentales:

1. **La incertidumbre sobre el momento de la muerte**, ya que nadie sabe cuándo le llegará su hora.
2. **La obtención de facilidad en las adoraciones**, pues los pecados generan una oscuridad que nubla el corazón y lo aleja incluso del interés por las buenas acciones.
3. **La aceptación de las adoraciones**, ya que, así como no se aceptan los regalos de quien tiene deudas hasta que las pague, tampoco se aceptan plenamente las acciones de quien no se ha arrepentido sinceramente.

Y debe preservar su lengua[32] de las obscenidades[33], lo reprobable, del lenguaje grosero[34], y de jurar por el divorcio[35] y menospreciar al musulmán, humillarle[36], insultarle[37], y asustarle, salvo que sea por derecho jurídico[38].

---

[32] El noble compañero, Mu'ād ibn Ŷabal ﵁ preguntó: "Oh Mensajero de Allah, ¿seremos llamados a rendir cuentas por lo que decimos?" Él respondió: "¡Que tu madre te pierda, oh Mu'ād! ¿Acaso no serán las personas arrastradas de sus caras o de sus narices al Infierno salvo por lo que cosecharon sus lenguas?" [Tirmiḏi (2616), Ibn Māŷah (3973)]

[33] Dijo el Profeta ﷺ: "Ciertamente Allah no quiere a los groseros obscenos" [Abu Dāūd (4792), Bujāri en "*Al-Adabul Mufrad*" (310)]

[34] Ḥuḏayfa ﵁ dijo: "Oh Mensajero de Allah, mi lengua es algo grosera, especialmente con mi familia" Contestó el Profeta ﷺ: "¿En qué lugar estás respecto al **istigfār (pedir el perdón de Allah)**? Ciertamente hago istigfār en el día y la noche cien veces" [Ahmad (23362), Ibn Māŷah (3817)]

[35] En muchos países árabes existe la mala costumbre de utilizar frases en las que se jura por el divorcio, diciendo, por ejemplo: "Me divorcio de mi esposa si no ocurre tal cosa" o "Si lo que dije es mentira, entonces me divorcio de mi mujer". También se emplean expresiones como: "Seguramente tú hiciste tal cosa, y si no es cierto, que me divorcie". Todas estas frases y similares implican una separación entre marido y mujer, aunque se hayan pronunciado en broma. Dijo el Profeta ﷺ: "tres cosas, decirlas en serio es vinculante y decirlas en broma es vinculante: el matrimonio, el divorcio y la vuelta" [Abū Dāūd (2194), Tirmiḏi (1184)]. Para más información sobre los Modales del Divorcio, véase nuestra obra: "*El Manual*", pág. 85-89.

[36] Abu Huraira ﵁ narró que el Profeta ﷺ dijo: "El musulmán es el hermano del musulmán, no lo trata injustamente, no le decepciona y no le humilla..." [Muslim (2564)]

[37] 'Abdullah ibn Mas'ūd ﵁ transmitió que el Profeta ﷺ dijo: "Injuriar a un musulmán es un comportamiento perverso y matarlo es incredulidad". [Bujāri (48) Muslim (64)].

Y debe guardar su vista de mirar lo prohibido[39], y no le es lícito mirar al musulmán con una mirada que le dañe, salvo que sea un desviado[40], entonces debe cortar la relación con él.[41]

---

[38] Dijo el Profeta ﷺ: "No le es lícito al musulmán asustar a otro musulmán" [Abū Dāūd (5004)].

[39] Las miradas prohibidas son tres:

1. **Mirar lo que Allah ha prohibido** de aquello que puede despertar el deseo, como observar el cuerpo de una mujer que no sea la esposa, sea en directo, o a través de una imagen o un retrato. Dijo el Profeta ﷺ: dijo Allah ﷻ: "La mirada (a lo prohibido) es una flecha envenenada de las flechas de Iblis. Quien la abandona por temor a Mí, le concederé una fe cuya dulzura sentirá en su corazón" [Tabarāni, "*Al-Kabīr*" (10363)].
2. **Mirar a alguien con desprecio o arrogancia**, creyendo ser mejor que él.
3. **Mirar las cosas mundanas con deseo excesivo y sobrevaloración**, otorgándoles un lugar indebido en el corazón y alejándose del propósito de la vida eterna.

[40] Para considerar a alguien como desviado, debe tratarse de una persona que comete pecados mayores, normaliza los pecados menores o los realiza abiertamente en público. Atribuir este calificativo a alguien conlleva consecuencias muy graves, tanto en cuanto al trato que merece como a los derechos que podría perder. Por ello, no debe tomarse a la ligera y no se puede considerar a una persona con esta característica, salvo que esté incurriendo en un pecado sobre el cual exista consenso en la umma.

[41] El creyente que cae en una desviación debe ser aconsejado en primer lugar, hasta que se llegue a la conclusión de que el consejo no tendrá efecto sobre él. En ese caso, se puede pasar a la fase de cortar los lazos como una forma de mostrar rechazo al pecado, no al pecador. Es decir, el corazón del creyente no debe odiar a su hermano, incluso si este se ha desviado del camino recto.

Y debe preservar todas sus extremidades, lo máximo que pueda[42], además de amar por Allah, y odiar por Él, complacerse por Él, y enfadarse por Él[43], y ordenar lo reconocido y rechazar lo reprobable[44].

---

[42] No tener deslices y errores es algo improbable, y no es una condición exigida al creyente. Lo que sí se le exige es corregir sus faltas y volver de inmediato a la senda correcta. Abu Huraira ﷺ narró que el Profeta ﷺ dijo: "Por Aquel en Cuya mano está mi alma, si no pecarais, Allah os reemplazaría por otros que pecaran, y pidieran perdón a Allah, para que Él les perdonara". [Muslim (2749)]

[43] Dijo el Profeta ﷺ: "La parte más fuerte del imán es amar por Allah, y odiar por Allah" [Abu Dāūd (4681)]. Es decir, la señal más fuerte de la excelencia del creyente es que su amor y rechazo hacia las personas se basen en su grado de obediencia a las órdenes de Allah. Así, ama a quien es recto y piadoso, incluso si tiene con él una disputa personal, y detesta el desvío de quien se aparta del camino correcto, aunque esta persona lo colme de cuidado y bondad. Este comportamiento refleja una fe purificada de intereses egoístas y alineada con la complacencia divina.

[44] Ordenar el bien reconocido en nuestra religión y rechazar o impedir lo reprobable es una obligación para cada creyente, conforme a sus posibilidades y nivel de conocimiento. El Mensajero de Allah ﷺ dijo: "Por Aquel en Cuya mano está mi alma, ciertamente ordenaréis el bien y prohibiréis el mal, o de lo contrario Allah enviará sobre vosotros un castigo, tras el cual Le suplicaréis, pero no se os concederá respuesta". [Tirmiḏi (2169)] Y dijo ﷺ: "Quien de vosotros vea algo reprobable, que lo cambie con su mano; si no puede, entonces con su lengua; y si no puede, entonces con su corazón, y esto es lo más mínimo del imán". [Muslim (49)]

Cabe destacar que esta forma de adoración tan importante tiene tres condiciones principales:

1. **Conocimiento**: Quien ordene el bien o prohíba el mal debe tener conocimiento sobre lo que está ordenando o prohibiendo. Esto es esencial, ya que la ignorancia podría =

Y le es prohibido la mentira[45],

= llevar a ordenar algo reprobable o a considerar reprobable algo que, según otras escuelas de jurisprudencia, es reconocido.

2. **Evitar un mal mayor**: Debe tener la certeza de que su intervención no provocará un pecado mayor que el que está intentando evitar. Esto requiere sabiduría y una adecuada evaluación de las consecuencias.
3. **Capacidad**: la persona que tenga la capacidad y el poder de cambiar lo reprobable está **obligada** a actuar dentro de sus posibilidades.

[45] Dijo Allah ﷻ: *"Solamente inventan mentiras quienes no creen en los signos de Allah. Ellos son los mentirosos"* [An-Naḥl: 105] y dijo el Profeta ﷺ: "...y sigue el hombre mintiendo y buscando la mentira hasta que se escribe ante su Señor como mentiroso" [Muslim (2607)]. Cabe destacar que la mentira se clasifica en cinco categorías, según lo mencionado por el imán Ibn Rushd (abuelo), "*Al-Bayān uat-Taḥṣīl*", 17/ 152:

1. **Mentira sin daño a nadie**: Se refiere a afirmaciones que no perjudican a otros, como decir que ocurrió una anécdota cuando en realidad no ocurrió. Existe consenso sobre su ilicitud.
2. **Mentira que implica daño a alguien**: Este tipo de mentira es peor que la anterior, ya que causa un perjuicio a otros. No se perdona a menos que la persona afectada otorgue su perdón.
3. **Mentira con intención de beneficio para los musulmanes**: Un ejemplo de esto es mentir en el contexto de una guerra para debilitar al enemigo. Este tipo de mentira es aceptable e incluso puede llegar a ser recomendable.
4. **Mentira con propósito conciliador**: Incluye mentir en conversaciones amorosas entre el esposo y la esposa, o para reconciliar a dos personas enfrentadas. Este tipo de mentira fue recomendado en la Sunna.
5. **Mentira para proteger de una injusticia**: Por ejemplo, cuando alguien se esconde de opresores, y si preguntan por él, se responde que no está. Este tipo es obligatorio.

el chismorreo[46], la creación de discordia[47], la arrogancia[48], la jactancia[49]...

[46] Chismorreo o *gība*, consiste en decir algo sobre un hermano a sus espaldas que le molestaría escuchar, ya sea aludiendo al defecto directa o indirectamente. Aunque lo mencionado está rotundamente prohibido, existen seis excepciones en las que no habría inconveniente en hacerlo: **Ante un juez, para impedir la realización de un pecado, al pedir una fetua, para advertir a los creyentes del mal de una persona**. Además de **cuando una persona es conocida por un mote que describe un defecto** siempre y cuando ese sea el único nombre por el que se le identifica, o **cuando alguien comete pecados públicamente,** en este caso, no hay inconveniente en mencionarlo, ya que sus actos son manifiestos. [Nawawi, "*Al-adkār*", pág. 340]

[47] Con ello se refiere a quien transmite lo que una persona dijo sobre otra, generando conflicto entre ellas. El Profeta ﷺ dijo: "Las personas más detestadas por Allah son aquellas que siembran discordia entre los hermanos" [véase: Ahmad (17998)]. Y también dijo ﷺ: "No entrará al Paraíso quien crea discordia" [Bujari (6056) y Muslim (105)].

Esta infracción es más grave que el simple chismorreo y es uno de los principales motivos del castigo en la tumba. Que Allah nos proteja de ello.

[48] La arrogancia es la principal puerta hacia la incredulidad. Dijo Allah ﷻ: "***Alejaré de Mis signos** a quienes **anden con arrogancia** en la Tierra sin razón. Aunque vean todas las señales, no creerán en ellas; y si ven el camino de la rectitud, no lo seguirán, pero si ven el camino del error, lo tomarán como camino...*" [Al-A'rāf: 146]. Por otro lado, dijo el Profeta ﷺ: "No entra al Paraíso alguien que tenga en su corazón el peso de un grano de arrogancia" [Muslim (91)]

[49] Esta enfermedad conduce a la arrogancia. De hecho, a través de la jactancia, Iblīs cayó en la soberbia, lo que le llevó a rechazar la orden divina de postrarse ante Ādam. Su primer argumento, del cual se jactó, fue que él había sido creado de fuego, mientras que Ādam había sido creado de barro. Según su ignorante razonamiento, consideró que el =

la ostentación "*riyā*"[50], la *sum'a*[51], la envidia[52], el odio, el creerse mejor que los demás, la difamación, el desprecio, perder el tiempo en lo que no tiene beneficio, la burla, la fornicación. También se prohíbe mirar a una mujer *aŷnabiyya*[53], y conversar con ella con deseo, y consumir las propiedades de las personas sin su consentimiento[54],

---

fuego era superior al barro, olvidando que el mérito no reside en la sustancia de la creación, sino en la obediencia al Creador.

[50] Dijo el Profeta ﷺ: "lo que más temo sobre vosotros es la asociación menor. Dijeron: "Oh, Mensajero de Allah, ¿qué es la asociación menor? Contestó: 'La ostentación'" [Ahmad (23630)].

[51] En árabe hay dos términos diferentes para cada tipo de ostentación. Si la ostentación se realiza a través de algo que se aprecia con la vista, se llama *riyā'*, como cuando alguien graba en video sus ayudas a los pobres y las comparte en las redes sociales. En cambio, si la ostentación se logra a través de algo que se escucha, se le llama *sum'a*, como cuando alguien habla de sus virtudes o de sus actos de adoración.

[52] Dijo el Profeta ﷺ: "Cuidado de caer en la envidia, pues ciertamente la envidia devora las buenas obras, igual que el fuego devora la leña" [Abu Dāūd (4903)]. La envidia a la que se refiere el Profeta ﷺ, y por ende el autor de la obra, es el deseo de que la gracia o el favor que disfruta otra persona le sea arrebatado. Esta es una actitud sumamente reprochable. Sin embargo, si alguien anhela tener lo que otro posee sin desear que esa persona pierda lo que tiene, no se estaría cayendo en la envidia negativa mencionada.

[53] *Aŷnabiyya:* cualquier mujer con la que uno puede casarse.

[54] También se prohíbe tomar lo que se da tras un consentimiento forzado, es decir aquel consentimiento que se da por vergüenza o miedo.

y recibir dinero a cambio de una intercesión[55] o por el Dīn[56], y retrasar la oración de su tiempo[57].

Y no le es lícito acompañar a un desviado ni sentarse con él para algo que no sea necesario[58]. Tampoco debe buscar la complacencia de las criaturas ofendiendo al Creador. Dice Allah ﷻ: "*Allah y Su Mensajero son más dignos de que les complazcan, si son creyentes*" [Tawba: 62] y

---

[55] Uno de los pilares fundamentales en la filosofía de los valores del Islam es que la ayuda y las buenas obras no deben ser manchadas por la exigencia de una recompensa a cambio. Por esta razón, se prohibió la usura, así como también pedir algo a cambio de la intercesión en la resolución de ciertos problemas. El Profeta ﷺ dijo: "Quien interceda por su hermano en una cuestión, y este le regale un obsequio, y lo acepte, habría incurrido en una forma grave de usura". [Abū Dāūd (3541)]

[56] Conseguir dinero en nombre del *dīn* es una de las formas más bajas y mezquinas que existen, como aquel que no enseña a la gente a menos que le paguen por ello, o como quien finge ser un buscador de conocimiento para recibir las ayudas y limosnas destinadas a ese grupo de personas, o como aquel que monta un proyecto religioso con la intención **principal** de obtener un buen negocio aprovechando el interés de la gente, entre otros. Sin embargo, si la intención de los proyectos religiosos es el servicio y el sacrificio personal, y se facilita, además, un dinero que cubra los gastos necesarios, no habría ningún problema en ello.

[57] Veremos más adelante que cada ṣalāt tiene dos categorías de tiempo: *mujtār* (elegido) y *ḍarūri* (urgente). El primero se refiere al tiempo en el que debe realizarse el ṣalāt en condiciones normales, y el segundo hace referencia al tiempo en el que se puede realizar el ṣalāt para aquellos que tienen una excusa. Por lo tanto, si una persona no tiene una excusa, se le prohíbe aplazar su ṣalāt hasta que finalice el tiempo *mujtār*.

[58] Debido a que es muy probable que su desviación termine afectando al acompañante, ya sea imitándolo o normalizando los pecados que comete.

dijo el Profeta ﷺ: "No se obedece a una criatura en la desobediencia del Creador"[59].

Y no le es lícito realizar una acción hasta saber el juicio de Allah sobre ella y preguntar a los sabios[60] y seguir a los seguidores de la Sunna de Muhammad ﷺ, los que guían a la obediencia de Allah, y advierten de seguir al diablo[61].

Y no debe aceptar para sí mismo lo que aceptaron los perdedores, aquellos que han malgastado sus años en lo que no es la obediencia a Allah, el Altísimo. Qué arrepentimiento tendrán y cuán duradero será su llanto el día de la Resurrección. Pedimos a Allah que nos ayude a seguir la Sunna de nuestro Profeta, Intercesor y Maestro, Muhammad ﷺ.

---

[59] Tibrīzi, "*Miškātul Maṣābīḥ*", (3696). Cabe mencionar que la aleya y el hadiz no aparecen en todos los manuscritos de la obra, por lo tanto, es probable que no formen parte de la obra original.

[60] Se exige a quien ha alcanzado la pubertad no realizar ninguna acción, sea grande o pequeña, sin conocer el juicio de la Sharía sobre ella, como la oración, el ayuno, los negocios, el matrimonio, las deudas, etc. Cabe destacar que está obligado a aprender o preguntar antes de emprender cualquier acción.

[61] Los imames de *Ahlus-Sunna wal Ŷamā'a*, seguidores de la tradición del Profeta ﷺ, están representados por los cuatro imames bendecidos y aceptados por consenso: Abū Ḥanīfa, Mālik, Aš-Šāfi'ī, y Ahmad ibn Hanbal. Cualquier persona que se desvíe de su senda estará yendo en contra de la tradición del Profeta ﷺ y de los *salaf* (las primeras generaciones), sin importar cómo se llame ni dónde provenga. [Véase necesariamente la carta escrita por el imam Ibn Raŷab Al-Hanbali que tituló: "*Arraddu 'ala manittaba'a gairal maḏahibil arba'a*" (*La respuesta a quien sigue una escuela aparte de las cuatro*)]

SECCIÓN SOBRE

LA PURIFICACIÓN[62]

La purificación es de dos tipos:

1. Purificación de una impureza ritual "*ḥadaṯ*".[63]
2. Purificación de una impureza material "*Jabaṯ*".[64]

[62] La purificación es la base de todas las virtudes y la clave para acceder a la cercanía de Allah ﷻ. Al perfeccionar nuestra purificación exterior, se facilitará nuestro camino a la purificación interior, lo que hará que nuestros pecados se disipen, y que nos acerquemos a los actos de adoración con corazones puros, lo que permite que la luz de Allah ﷻ atraviese nuestro ser, transformándonos y elevándonos en todos los aspectos de la vida.

[63] Con "impureza ritual" o "*ḥadaṯ*", nos referimos al estado en el que se encuentra un creyente tras haber expulsado de su cuerpo algún elemento considerado impuro según la sharía, o haber incurrido en un acto que anula su pureza desde el punto de vista jurídico. Este estado de impureza requiere de una purificación formal, generalmente a través de abluciones o baños rituales, o en caso de no disponer de agua, requiere de su reemplazo seco "*tayammum*", antes de poder participar en ciertos actos de adoración, como la oración. Más adelante, se abordarán detalladamente los distintos tipos de impureza ritual y los procedimientos establecidos para su purificación.

[64] Con "impureza real" o "*Jabaṯ*", nos referimos a las suciedades materiales que alcanzan el cuerpo de la persona, su ropa o su lugar de rezo, y que según la sharía son consideradas impurezas, tales como el vino, la saliva del cerdo, las heces, etc. Para eliminar este tipo de impurezas, se requiere lavar, limpiar con un trapo u otros medios similares, o salpicar con agua, como veremos más adelante.

Ninguna de las dos se puede realizar, excepto con agua **pura y purificadora**[65], es decir, aquella que no haya sufrido alteraciones en su color, sabor u olor[66] debido a la interacción con sustancias que normalmente no están mezcladas con ella, como el aceite, la manteca, la grasa, el jabón, la suciedad, entre otros[67].

[65] También se le llama agua *muṭlaq*, término que se refiere al agua que, sin necesidad de asociarla a ningún otro elemento, puede ser denominada simplemente agua. Por lo tanto, el jugo de frutas, las infusiones o el agua de rosas no se consideran aptos para la purificación. Cabe destacar que cuando el autor dijo: "**ninguna de las dos**", quiere decir que incluso la eliminación de las impurezas requiere de agua simple, pura y purificadora. Por lo tanto, según la escuela maliki, una prenda que haya sido afectada por una impureza y lavada con jabón, sin haber sido limpiada previa o posteriormente con agua simple, no se considera pura desde el punto de vista jurisprudencial, y no se permite rezar con ella. [Mayyāra, "*Addurruṯ-ṯamīn*", pág.120]

[66] La propiedad más importante, cuyo cambio afecta de manera unánime, es el sabor, seguida por el color. Sin embargo, en cuanto al olor, existe una diferencia considerable de opinión entre los imames de la escuela, ya que hay consenso sobre el hecho de que el olor de las impurezas en la ropa no afecta su estado de pureza. Por analogía, se sostiene que el mismo principio debería aplicarse al agua, además de otros argumentos. Cabe destacar que el cambio en las propiedades al que nos referimos debe ser un cambio evidente, no mínimo. [Véase: Qarāfī, "*Aḏḏajīra*", 1/172]

[67] Si el agua se mezcla con un elemento externo, podemos encontrarnos con cuatro situaciones:

1. Si el elemento externo es **puro y no altera las propiedades del agua**, esta podrá usarse tanto para fines rituales como cotidianos. =

No hay inconveniente si el agua se mezcla con tierra, barro, salitre, adobe u otras sustancias similares[68].

2. Si el elemento externo es **puro, pero cambia alguna de las propiedades del agua**, esta solo podrá usarse para fines cotidianos, no rituales.
3. Si el elemento externo es **impuro, pero no afecta el agua** debido a su gran cantidad, el agua podrá usarse tanto para fines rituales como cotidianos.
4. Si el elemento externo es **impuro y altera el agua**, incluso si la cantidad de agua es grande, no será apta para su uso en ningún caso. [Ibn Ŷuzayy, "*Al-Qauāninul Fiqhiyya*", pág. 65-66]

[68] No importa si el elemento que normalmente se encuentra mezclado con el agua se introduce posteriormente o no, sea adrede o no. Es decir, si una persona echa tierra sobre un cubo de agua, el agua no pierde su carácter purificador, ya que se trata a toda la tierra como elemento natural junto a cualquier agua. Lo mismo ocurre con la sal, según el Imam Ibn Abī Zayd. [Véase: Ibn Šās, "*Iqdul Ŷawāhiriṯ-Ṯamīna*", 1/10].

❖ **Cuestiones complementarias:**

1. El agua previamente utilizada para una adoración, siempre y cuando conserve sus tres propiedades (color, sabor y olor), se considera pura y purificadora. Sin embargo, es detestable reutilizarla para la ablución cuando hay otra agua disponible.
2. Si la cantidad de agua es poca y cae en ella una impureza sin que cambie alguna de sus propiedades, se puede emplear para la ablución. No obstante, es detestable utilizarla cuando hay otra agua disponible.
3. La cantidad de agua se considera poca si es equivalente al recipiente con el cual se realiza la ablución, es decir, 2-3 litros. [Véase: Dardīr, "*Aš-Šarḥuṣ-Ṣagīr*", 1/91]

SECCIÓN

Si se sabe dónde está la impureza, se debe limpiar la parte afectada[69], si no, se limpia la prenda entera[70].

Si hay duda sobre la posible presencia de una impureza[71], se salpica agua con la mano sobre dicha parte[72].

Si se ve algo sobre el que se duda si es o no una impureza, no se tiene que salpicar[73].

---

[69] Existen diferentes opiniones sobre si la limpieza de la impureza es obligatoria -siempre y cuando la persona recuerde y tenga la capacidad de hacerlo-, o si se considera una práctica recomendada (sunna). Según la primera opinión, quien olvide o no pueda limpiar la impureza no tendría que repetir la oración, pero si la deja intencionadamente, sí debería repetirla, aunque salga el tiempo. Por otro lado, según la segunda opinión, si se deja por olvido o incapacidad no sería necesario repetir la oración, pero si se deja intencionadamente, debería repetirse dentro del tiempo establecido para la oración.

[70] Si sabe que la impureza cayó en la manga, por ejemplo, pero no sabe en qué parte específica, tendría que lavar toda la manga, y no toda la prenda. Esta cuestión tiene analogías en la sharía, como cuando la comida entra en contacto con algo ilícito y no se puede distinguir la parte afectada; en ese caso, toda la comida se considera ilícita.

[71] Sea en la tierra, la vestimenta, el calzado o la alfombra.

[72] Debido al hadiz de Anas ﷺ, en el cual se narra que se dispusieron para rezar sobre una estera que se había ennegrecido, entonces Anas ﷺ la salpicó con algo de agua y rezaron junto al Profeta ﷺ.

[73] Debido a que el estado principal de los elementos es la pureza. Lo mencionado se aplica para todo excepto si la parte afectada es una parte del cuerpo, entonces hay dos opiniones reconocidas en la escuela: la necesidad de lavar, o la necesidad de salpicar.

Si durante el rezo una persona se da cuenta de la impureza[74], debe interrumpir la oración[75], a menos que tema que se le pase el tiempo de la misma[76].

En el caso de que alguien rece sin darse cuenta de que tiene una impureza y, después de la oración, se da cuenta, repite su ṣalāt dentro del tiempo elegido[77].

❋ ❋ ❋ ❋ ❋

[74] Se refiere a la impureza grave, es decir aquella que su presencia invalida la oración. Sin embargo, si la impureza es leve, es decir, no excede el tamaño de una moneda, no se debe interrumpir la oración para eliminarla, ya que su presencia no afecta la validez del ṣalāt.

[75] Sea imam, o seguidor. En caso de que sea imām, tendría que encargar a uno de los seguidores completar la dirección del ṣalāt en su lugar. Sin embargo, si entró sabiendo que tenía una impureza y capaz de deshacerse de ella, la oración queda nula desde el inicio.

[76] Dado que el pilar del tiempo es más importante que el pilar de la pureza material. Cabe mencionar que el tiempo al que se refiere es el tiempo elegido "*mujtār*", no el urgente "*ḍarūri*".

- ❖ El criterio para decidir si el tiempo terminará o no, es la capacidad de la persona para deshacerse de la impureza y realizar al menos una rak'a dentro del tiempo elegido.

[77] Es decir, su ṣalāt es válida, pero se recomienda que repita su ṣalāt dentro del tiempo elegido "*mujtār*". En caso de no hacerlo su ṣalāt seguiría siendo válida.

LA ABLUCIÓN

SECCIÓN

Pilares de la Ablución

Las obligaciones de la ablución "*wuḍū*" son siete[78]:

1. La intención[79]

---

[78] Cuatro de esos pilares son reconocidos por las cuatro escuelas como tales, y son los que se mencionan explícitamente en el Corán: lavar la cara, las manos hasta los codos, pasar la mano húmeda sobre la cabeza y lavar los pies. [Al-Māida: 6]

[79] Los actos de adoración se dividen en tres categorías: los **actos devocionales**, como el ṣalāt; los **actos racionales**, como salvar la vida de una persona; y los **actos que combinan ambos aspectos**, como la ablución. En el primer tipo, se requiere una intención; en el segundo, no se requiere; y en el tercero, según la escuela maliki, sí se requiere una intención.

❖ **Cuestiones propias de la intención:**

1. La intención nace en el corazón, por lo que no es necesario pronunciarla con la lengua. Sin embargo, si una persona se siente distraída y necesita un recordatorio para poner la intención, puede ayudarse pronunciándola sin ningún inconveniente.
2. No se requiere determinar la adoración para la cual se está haciendo la ablución, sin embargo, en el tayammum sí que lo es, tal y como veremos más tarde.
3. El momento en el que se debe poner la intención es antes de lavarse la cara, siendo preferible ponerla desde que se empieza lavando las manos.
4. Quien pone la intención de renovar su ablución, creyendo que es un acto supererogatorio, y luego se da cuenta de que había anulado su ablución y, por lo tanto, esta era obligatoria, su ablución con la intención voluntaria no sería válida.

2. Lavar la cara[80]
3. Lavar las manos hasta los codos[81]

---

[80] La cara o "*waŷh*" se extiende desde lo más alto de la frente, donde comienza el cabello, hasta la barbilla, y en sentido horizontal, abarca desde una oreja hasta la otra, pero sin incluir las orejas.

❖ **Cuestiones propias del lavado de la cara:**

1. Es obligatorio lavar la parte de la cara que se puede ver detrás de una barba ligera.
2. La calva no necesita ser lavada, ya que no forma parte de la cara.
3. Debe cuidar el lavado de las zonas a las que es difícil que llegue el agua, como la parte exterior de los labios, debajo de la, nariz, la parte situada entre nariz y ojos, etc.
4. Dijo el Imam Zarrūq en su comentario sobre la "*Risāla*" 1/147: "*La gente común suelen realizar ciertos actos en la ablución que no son parte de la sunna, como comenzar el lavado de la cara por debajo de la frente o sacudir las manos antes de pasarlas sobre la cara. Estos dos actos invalidan la ablución. Sin embargo, golpear el agua con fuerza contra la cara es una práctica errónea, pero no afecta la validez de la ablución*".

[81] El lavado debe abarcar el inicio del dedo corazón hasta los codos. Y lo más reconocido en el maḏhab es que es obligatorio incluir los codos en el lavado.

❖ **Cuestiones propias del lavado de las manos:**

1. Se debe extender la parte arrugada o deshidratada de los nudillos, ya que en algunas situaciones evitan la llegada del agua.
2. Se debe eliminar cualquier impedimento que obstaculice la llegada del agua a la piel, como el pintauñas o restos de masa, etc.
3. Se introducen los dedos de la mano izquierda entre los de la derecha por el exterior, de manera obligatoria en las manos y de forma recomendada en los pies.
4. Sobre la necesidad de mover el anillo para que el agua llegue a toda la piel, existen tres opiniones. La preponderante es que, si el anillo es de uso lícito, no es necesario moverlo, aunque sea estrecho.
5. Quien haya perdido los brazos desde los codos no tiene que lavar nada.

4. Pasar la mano húmeda sobre la cabeza[82]

[82] Se debe mojar la mano y pasarla húmeda por toda la cabeza desde el inicio de la frente hasta el final de la nuca, y se recomienda que sea con las dos manos.

❖ **Cuestiones propias de la limpieza de la cabeza:**

1. Es ilícito lavar la cabeza para la ablución, aunque si se hace, no sería necesario repetir la ablución ni volver a pasar la mano húmeda sobre la cabeza.
2. Se debe incluir el cabello que se extiende levemente por debajo de la cabeza. Sin embargo, si el cabello cae más allá de los hombros, no sería obligatorio limpiarlo según una de las dos opiniones.
3. Incluir toda la cabeza en la limpieza es la opinión de Mālik. Sin embargo, Ašhab sostiene que lo obligatorio es lavar la mitad de la cabeza. Según una opinión reconocida, si solo se limpia un tercio de la cabeza, se habría cometido un error, pero no sería necesario repetir la ablución.
4. Pasar la mano húmeda sobre la cabeza solo se realiza una vez, y no es recomendable repetirlo, al contrario que en el lavado de cara, manos, y pies.
5. Quien se corta el pelo o las uñas después de realizar la ablución no tiene que repetir la ablución, ni siquiera volver a pasar la mano húmeda sobre su cabeza, o lavarse las manos.
6. No se le exige a la mujer soltar sus trenzas.
7. Si sobre la cabeza hay gel o cualquier producto que obstaculice la llegada del agua al cabello, la ablución no sería válida sin antes eliminar dicho producto.

5. Lavar los pies hasta los tobillos[83]
6. Frotar con las manos[84]
7. Mantener la continuidad[85]

❋ ❋ ❋ ❋ ❋

[83] El lavado debe abarcar todo el pie, es decir, tanto la parte exterior como la interior, incluyendo los tobillos. En cuanto a la necesidad de hacer llegar el agua entre los dedos del pie, existen dos opiniones: la segunda es la de recomendación, y es la opinión preponderante.

[84] Es decir, frotar las zonas que son obligatorias de limpiar. Este pilar, aunque no se menciona literalmente en la aleya, se sobreentiende del significado de la palabra "lavar", pues según varios lingüistas, no se considera "lavar" salvo cuando **se vierte agua frotando la parte implicada**. Por esta razón, algunos autores ni siquiera lo mencionaron como un pilar independiente, dado que entra en el significado de "lavar".

[85] La continuidad consiste en no separar las acciones de la ablución, de modo que un miembro no se seque antes de comenzar a lavar el siguiente. Cabe destacar que la continuidad es obligatoria cuando la persona es **consciente** y **tiene la capacidad** de realizar la ablución de esta manera. Sin embargo, si se olvida o no tiene la capacidad de realizar las acciones de forma continua, no habría problema.

SECCIÓN

Sunnas de la Ablución

Y sus sunnas son:

1. Lavar las manos hasta las muñecas al empezar[86]
2. Enjuagarse[87]
3. Inspirar y espirar agua por la nariz[88]
4. Volver pasando la mano sobre la cabeza[89]

---

[86] Este lavado se recomienda incluso cuando las manos están limpias, cuando una persona está en estado de *ŷanāba* (impureza ritual mayor), o al realizar una ablución voluntaria, ya sea al despertar de día o de noche, y tanto si está realizando la ablución con agua corriente como si la toma de un recipiente.

[87] Se debe introducir el agua en la boca, moverlo por todas las partes y luego escupirlo. Por lo tanto, según una opinión sólida en el *madhab,* no es suficiente con simplemente introducir el agua sin moverlo, moverlo y tragarlo, o abrir la boca y dejar que el agua caiga sin escupirlo.

[88] Se inspira poniendo algo de agua en la mano derecha y atrayéndolo al interior de la nariz. Posteriormente se expira poniendo la mano izquierda (pulgar e índice) sobre la parte superior de la nariz. Cabe mencionar que la sunna es realizarlo tres veces, y según algunas narraciones, no es necesario renovar el agua para cada ocasión, sino que con un puñado de agua se reparte entre las tres veces.

[89] Pasar la mano húmeda sobre la cabeza es obligatorio, y se considera sunna hacerlo de la siguiente manera: después de mojar las dos manos, se pasa sobre la cabeza desde la frente hasta la nuca, y luego se regresa con las manos desde la nuca hasta la frente. Si la limpieza comienza desde la nuca, la vuelta se hace en sentido contrario. Es importante destacar que no se debe mojar la mano nuevamente; se debe realizar con la misma humedad de la primera vez. Quien renueve el agua estaría incurriendo en un acto detestable.

5. Limpiar las orejas y la renovación del agua para ellas.[90]

6. Seguir el orden entre las obligaciones[91].

Quien olvida limpiar una parte obligatoria, si se da cuenta pronto[92], debe repetir esa parte y las que vengan después. Si se da cuenta tarde, solo debe repetir esa parte y los rezos que haya realizado previamente. Si olvida una sunna[93], la realiza al recordarla, pero no es necesario repetir los rezos. Si olvida una parte de un miembro (de lavado obligatorio), debe limpiarla sola con la intención[94], y si había rezado, debe repetir los rezos realizados. En caso de que se acuerde de realizar el enjuague y limpiar la nariz después de haber terminado de limpiar la cara, no debe volver a esa parte hasta que haya terminado toda la ablución[95].

---

[90] Según algunos imames dentro de la escuela, se considera obligatorio, aunque la opinión mayoritaria sostiene que es sunna. La forma de limpiar las orejas consiste en mojar ambas manos, utilizar los dedos índices para limpiar el interior de la oreja y los pulgares para el exterior. También es sunna introducir los índices en el canal auditivo.

[91] Es decir, se comienza con la cara, seguida de las manos, la cabeza y, finalmente, los pies, siguiendo el orden en el que fueron mencionados en la aleya. Cabe destacar que según la escuela Shafi'i y Hanbali seguir el orden mencionado es obligatorio.

[92] Se considera "pronto" cuando las partes lavadas aún no se han secado por completo.

[93] Concretamente tres sunnas: enjuagarse, inspirar y limpiar las orejas. Las demás, aunque se dejen no se repiten. [Véase: Al-Maŷlisi, "*Minaḥul 'Ali*", pág.119].

[94] La intención de ablución.

[95] Para no alterar el orden volviendo de un pilar a una sunna.

SECCIÓN

Actos Recomendables en la Ablución

Y sus actos recomendables[96] son:

1. La *tasmiya*[97]
2. Uso del *siwāk*[98]
3. Lavar más de una vez la cara y las manos[99]
4. Empezar por la frente de la cabeza

---

[96] La diferencia entre esta categoría y la anterior es que los actos recomendables "*mustaḥabb* o *faḍīla*" fueron mencionados para ser realizados de manera general, y el Profeta ﷺ no los practicó de forma constante y visible. Sin embargo, la *sunna* es aquella que el Profeta ﷺ realizó de manera continua y en público. [Nafrāwi, "*Al-fawākih Ad-Dawānī*", 1/22]

[97] Decir "*Bismillāh*", y según una opinión se añade "*arraḥmān-irraḥīm*", y según otra no se dice nada. Es importante recordar que estando en un cuarto de baño la *tasmiya* se realizaría con el corazón, sin mover la lengua.

[98] Dijo el Profeta ﷺ: "Si no fuera por la dificultad que supondría para mi umma, les habría ordenado el uso del *siwāk* con cada oración" [Bujāri (887)] y en una narración: "en cada ablución" [Ahmad (9194)]. Cabe destacar que el objetivo es la higiene bucal. Por lo tanto, quien no encuentre un *siwāk* puede usar un cepillo de dientes, y quien no disponga de cepillo puede utilizar su dedo índice. Existen dos opiniones sobre si debe hacerse con el índice derecho o el izquierdo. [Véase: Ad-Dusūqi, "*Ḥāšiya 'alaš-Šarḥil Kabīr*", 1/343]

[99] Es decir, lavarlos dos o tres veces. Según una opinión, la segunda vez es *sunna* y la tercera es recomendable. Según otra, ambas veces se consideran *sunna*, entre otras opiniones. Hay consenso, sin embargo, sobre la detestabilidad de lavarlos más de tres veces.

5. Ordenar las sunnas[100]
6. Controlar el uso de agua.[101]
7. Realizar primero las partes derechas antes que las izquierdas.
8. Es obligatorio limpiar bien entre los dedos de las manos y es recomendable entre los de los pies.
9. Es obligatorio introducir el agua por debajo de la barba no abundante, pero no es necesario hacerlo en una barba abundante[102]. Sin embargo, en el caso de realizar la ablución mayor, es obligatorio hacerlo, aunque la barba sea abundante.

❋ ❋ ❋ ❋ ❋

---

[100] Como enjuagarse antes de inspirar y expirar.

[101] Sin escatimar ni exagerar. Lo importante es que llegue el agua a todas las partes requeridas. Cabe destacar que el Profeta ﷺ realizaba su ablución con 0.7 litros y el baño ritual con tan solo 3 litros. [Bujāri (201), Muslim (325)]

[102] Pero no deja de ser recomendable.

❖ Actos recomendables que no mencionó el autor:

1. Se recomienda dirigirse hacia la quibla durante la ablución.
2. No se recomienda traspasar con el lavado las partes indicadas, tal como lavar los brazos hasta acercarse a las axilas, o incluir el cuello en la limpieza de la cabeza.
3. No es detestable secarse después de terminar la ablución.
4. Se recomienda realizar la ablución lejos del váter, o cualquier impureza.
5. Si se está realizando la ablución tomando agua de un recipiente, se recomienda situarlo a la derecha, y si es una botella, situarla a la izquierda.

SECCIÓN

Aquello que anula la ablución

Aquello que anula la ablución es de dos tipos: ***Aḥdāṯ***[103] y **causas**:

Los *Aḥdāṯ* son:

1. Orinar[104]
2. Defecar
3. Expulsar gases[105],
4. Líquido pre-seminal (maḏi)[106], o
5. Wadi[107]

---

[103] Plural de *ḥadaṯ* y significa aquello que por sí mismo es considerado en la sharía una impureza ritual.

[104] Aunque sea una gota mínima.

[105] Expulsar gases anula la ablución, ya sea con o sin sonido. Cabe destacar que el Šayṭān aprovecha este asunto de los gases para susurrar a los creyentes y distraerlos de la concentración en el ṣalāt. Un hombre se acercó al Profeta ﷺ quejándose de que, al entrar en el ṣalāt, sentía el movimiento de los gases. Entonces, el Profeta ﷺ indicó a quien padezca de lo mismo que no le preste atención, salvo que escuche un sonido o huela algo. [Bujāri (137), Ahmad (11912)]

[106] El *maḏi* es un líquido claro y pegajoso que se secreta al experimentar excitación sexual, pero sin llegar a la eyaculación. Suele ser una secreción más ligera y puede aparecer sin que la persona lo perciba.

[107] El *wadi* es una secreción más espesa y turbia que generalmente aparece después de orinar o tras un esfuerzo físico intenso. No tiene ninguna relación con la excitación sexual. Tanto en el *maḏi* como en el *wadi*, se debe limpiar la parte afectada de la ropa, el miembro, y renovar la ablución, sin necesidad de realizar un baño completo.

Y las causas son:

1. El sueño profundo[108]
2. Desmayo[109]
3. Embriaguez
4. la locura
5. Besar a una mujer[110]
6. Tocar a una mujer si se busca el placer o se encuentra[111]
7. Tocar el miembro viril con la palma de la mano o con el interior de los dedos.[112]

---

[108] Es aquel en el cual quien duerme no siente ni escucha las conversaciones a su alrededor. Para mayor claridad, el imam Al-Lajmi dividió el sueño en cuatro categorías: **sueño largo y profundo**, este anula la ablución por unanimidad; **sueño largo y ligero**, respecto al cual se recomienda repetir la ablución después de él; **sueño corto y profundo**, sobre el cual existen dos opiniones, siendo la preponderante que anula la ablución; y **sueño corto y ligero**, el cual no afecta a la validez de la ablución. ["*At-Tabṣira*", 1/78]

[109] Aunque sea corto.

[110] Aunque sea la esposa, a no ser que se haya hecho por misericordia, como cuando un hombre besa a su mujer enferma o en estado de tristeza para aliviarla. Cabe destacar que el beso en la boca siempre anula la ablución.

[111] Nos encontramos en esta cuestión ante cuatro casos:

1. Se tiene la intención de tocar y se tiene placer
2. Se tiene la intención de tocar, pero no se encuentra placer
3. No hay intención de tocar, pero encuentra placer.
4. No se tiene intención y no se encuentra placer.

En los primeros tres casos se anula la ablución mientras que en el último no.

[112] En el caso de las mujeres, solo se anula su ablución si el contacto es con intención de buscar placer.

8. Quien dude sobre su estado de ablución debe realizarla, a menos que sea una persona susceptible a las dudas o que sufra de susurros del Šayṭān; en ese caso, no le afecta la duda. Por otro lado, se debe lavar completamente el miembro viril de los restos de maḏi, pero no se lava el escroto. El maḏi es el líquido que sale durante el placer menor, como consecuencia de pensamientos, miradas u otros estímulos.[113]

[113] Queda por mencionar entre lo que anula la ablución, la apostasía -*Allah nos proteja*-. Aquel que deja el islam se rompe su ablución y tiene que repetirla si vuelve a entrar.

SECCIÓN

[Aquello que está prohibido en estado de *ḥadaṯ*]

Y no le es lícito a aquel que no esté en estado de ablución:

1. Realizar el ṣalāt[114].
2. Realizar *ṭawāf* (circunvalación alrededor de la ka'ba)
3. Tocar una copia del Sagrado Corán, o su tapa, sea con la mano, o con un palo o algo similar. Solo se puede tocar una parte del Corán para quien lo esté aprendiendo[115]. Tampoco se puede tocar una tabla del Sagrado Corán sin ablución, salvo para quien lo esté aprendiendo o el profesor que lo corrige. El niño, al igual que el adulto, debe seguir las mismas reglas al tocar el Corán, y la responsabilidad por el error recae sobre quien se lo da. Quien reza sin ablución, sabiendo de ello[116], es considerado no creyente. Pedimos la protección de Allah.

[114] O una parte de ella, como la postración del agradecimiento o la postración de la recitación. Cabe destacar que la oración fúnebre se puede realizar con *tayammum* aun habiendo agua cerca, en el caso de que se tema perder la oración si se hace una ablución completa.

[115] Es decir, el capítulo o la sura que alguien esté aprendiendo a leer o memorizando puede tocarla, aunque no esté en ablución. Según el autor esto es válido suponiendo que cada *ŷuz'* esté en un tomo o una tabla independiente. Cabe destacar que, según otros imames de la escuela maliki, aunque la copia tomada sea del Corán entero, sería lícito, siempre y cuando sea para fines de aprendizaje. [Dusūqi, "*ḥāšiya*", 2/65]

[116] Afirmando que la ablución no es necesaria para el ṣalāt.

BAÑO RITUAL MAYOR (*GUSL*)

SECCIÓN

[Aquello que obliga a realizar el *gusl*]

Es obligatorio realizar el baño ritual mayor de tres cosas: impureza ritual mayor (*ŷanāba*), menstruación, y sangrado postparto.

La *ŷanāba* se divide en dos categorías:

- La primera ocurre a raíz de una eyaculación con placer común, ya sea durmiendo o en vigilia, por relaciones sexuales u otros medios.[117]
- La segunda es la penetración del glande en la vagina[118]. Y quien ve en sus sueños que está manteniendo relaciones sexuales y no eyacula, no tiene que hacer nada[119].

---

[117] Si no hay placer al eyacular, no se rompe la purificación mayor y solo se debe realizar la ablución. Esto puede ocurrir a veces al realizar trabajos forzados, por enfermedad, frío o inmersión en agua caliente, entre otros.

[118] Independientemente de si llega a eyacular o no, sea la penetración en una vagina humana o de un animal. Cabe recordar que el ano tiene el mismo juicio, -*que Allah nos proteja de tal desviación*-.

[119] En cuanto a la eyaculación nocturna, nos encontramos ante tres situaciones:

1. Si la persona ve un sueño y encuentra restos de semen, debe hacer el baño ritual mayor.
2. Si ve un sueño, pero no encuentra restos de semen, no debe hacer la ablución mayor. =

Quien encuentra semen seco en su vestimenta y no sabe cuándo se expulsó, debe realizar la ablución mayor y repetir los rezos que haya realizado desde la última vez que durmió con esa vestimenta.

* * * * *

SECCIÓN

Pilares del Gusl

Las obligaciones del baño ritual mayor son:

1. La intención al empezar[120]
2. Mantener la continuidad[121]
3. Frotar
4. Lavar todas las partes del cuerpo[122].

---

3. Si no se acuerda de un sueño, pero encuentra semen, debe hacer la ablución mayor.

[120] Por lo tanto, quien se levanta por la mañana, entra a la ducha y, después de terminar, se da cuenta de que en su ropa interior hay restos de semen, debe repetir la ducha con la intención de purificarse ritualmente.

[121] Es decir, no se puede realizar el baño por partes separadas. Se tiene que lavar cada parte seguida inmediatamente de la otra.

[122] Es esencial cuidar las partes a las que no llega el agua fácilmente de las partes exteriores del cuerpo como las axilas, detrás de las orejas, la ingle, etc.

SECCIÓN

Sunnas del Gusl

Y sus sunnas son:

1. Lavar las manos hasta la muñeca como en la ablución.
2. Enjuagarse
3. Aspirar y expirar agua por la nariz[123]
4. Lavar el interior de las orejas[124], y en cuanto a los lóbulos inferiores de las orejas, es obligatorio lavar la parte delantera y trasera de ellos.

❋ ❋ ❋ ❋ ❋

[123] Enjuagarse y aspirar agua por la nariz son considerados pilares según Abu Hanīfa y Ahmad, por lo que se deben cuidar para estar en lo seguro.

[124] Se refiere al conducto auditivo. Sin embargo, la parte visible interior de la oreja se tiene que lavar obligatoriamente.

SECCIÓN

Actos Recomendables del Gusl

Y sus actos recomendables son:

1. La *tasmiya*[125]
2. Empezar lavando la impureza, y después el miembro, poniendo la intención en ese momento.
3. Después, lavar las partes de la ablución una a una,
4. Después, lavar la parte alta del cuerpo[126]
5. Mojar la cabeza tres veces
6. Empezar por la parte derecha del cuerpo
7. Reducir el agua sobre las partes lavadas.

Y quien olvida una pequeña parte o un miembro de su lavado, rápidamente lo lava al acordarse, aunque haya pasado un mes, y repite lo que haya rezado antes. Si retrasa (su lavado) después de acordarse, no vale su baño ritual mayor y debe repetirlo completamente. Sin embargo, si esa parte forma parte de los miembros de la ablución, y le coincide el lavado de la ablución, le es suficiente.

[125] Se recomienda pronunciar la *tasmiya* antes de quitarse la ropa. En caso de haberse quitado la ropa, puede decir la *tasmiya* en su corazón.

[126] Dado que cuando se lava el cuerpo desde arriba la suciedad va bajando, y por lo tanto no se necesita volver a lavar lo que ya se lavó.

SECCIÓN

[Aquello que se prohíbe hacer con ŷanāba]

No le es lícito a una persona en estado de impureza ritual mayor:

1. Entrar a la mezquita[127]
2. Recitar el Corán, salvo una aleya o un poco más, de aquellas aleyas que se recitan para buscar refugio en Allah.[128]

○ No le es permitido a aquel que no aguanta el agua fría, mantener relaciones sexuales con su mujer hasta tener preparado aquello con lo que calentar el agua, salvo que haya tenido una polución nocturna, entonces no habría problema[129].

❋ ❋ ❋ ❋ ❋

[127] Dijo el Profeta ﷺ: "no permito la entrada a la mezquita para una persona con ŷanāba (impureza ritual) ni para una mujer menstruante". [Abū Dāūd (232)]. Dicho esto, no se permite la entrada a la mezquita ni siquiera de paso. [Véase: Ibn Rushd, "*Bidāyatul Muŷtahid*", 1/100 y "*Al-Muqaddimāt*" 1/135, además de Ibn Qudāmah, "*Al-Mughnī*", 1/176]

[128] Como *Āyatul Kursi*, las últimas dos aleyas de Al-Baqara, o las últimas tres suras del Corán.

[129] Y puede mantener relaciones con su mujer. En caso de que no sepa que no tiene agua o que el agua está bastante fría, puede hacer tayammum y, cuando le sea posible, realizar el baño ritual.

SECCIÓN

La Ablución Seca (Tayammum)

Realiza el tayammum el viajero que no viaja en pecado[130] y el enfermo, para una oración obligatoria o voluntaria. También realiza el tayammum quien se encuentra en su hogar y goza de salud para la oración obligatoria, si teme que se le pase el tiempo. Un residente sano no realiza el tayammum para una oración voluntaria, la oración del viernes[131] o la oración fúnebre, salvo que sea el único presente para realizar el rezo.[132]

---

[130] Según la opinión preponderante en la escuela se puede realizar el tayammum, aunque el viaje sea en pecado.

[131] Dado que es un recambio del ẓuhr, el cual es el pilar principal.

[132] Para más claridad y detalle, podemos decir que es válido el tayammum para:

1. Aquel que no encuentra agua suficiente para la ablución, o para el gusl. Para considerar que la persona no encuentra agua debe buscarlo una distancia de 3 km, o tener la certeza de que en dicho radio no hay agua.
2. Aquel que no tiene la capacidad de usar el agua.
3. Aquel que teme enfermar con el uso del agua.
4. Aquel que teme que una persona o un animal quede sediento, o necesita el agua para amasar o cocinar.
5. Aquel que teme a los ladrones en caso de que salga en busca de agua.
6. Quien dispone de agua pero no dispone de la cuerda, el grifo o el medio para sacar el agua. [Al-Azhari, "*Dalīlus-Sālik*", pág. 61]

SECCIÓN

Pilares del tayammum

Las obligaciones del tayammum son:

1. La intención[133]
2. Emplear tierra pura
3. Limpiar la cara[134]
4. Limpiar las manos hasta la muñeca[135],
5. Dar el primer golpe al suelo[136]
6. Mantener la continuidad
7. La entrada del tiempo del rezo[137]
8. Realizar el rezo justo después del tayammum.[138]

---

[133] Se consigue teniendo una firme resolución en el corazón sobre la acción. Y el tiempo de ésta, según el imam Zarrūq entre otros, es cuando se dispone uno a limpiar el rostro, y según otra opinión es necesaria cuando uno coloca las manos sobre aquello con lo que pretende hacer el tayammum. Lo que se debe poner en la intención es la intención de validar el ṣalāt purificándose de la impureza ritual mayor o menor según corresponda, o la intención de realizar el tayammum obligatorio.

[134] Completamente, como en el wuḍū.

[135] La parte interior y exterior. Sin embargo, no es obligatorio limpiar entre los dedos.

[136] No se necesita golpear en el sentido literal de la palabra, sino que es suficiente con poner firmemente las manos sobre la tierra, la arena o aquello sobre lo que se hará el tayammum.

[137] Es decir, si se realiza el tayammum para rezar el zuhr antes de la entrada de su tiempo, no valdría, aunque sea un minuto antes.

[138] Se perdona una separación leve como un par de minutos.

La tierra pura, incluye la arena, el adobe, la piedra, la nieve, el asfalto y similares. Y no se puede hacer con yeso cocido, estera, madera, césped, y similares[139]. Y se le permite al enfermo realizarlo a través de una pared de piedra, y adobe, si no hay quien le facilite los otros materiales.

---

[139] Dijo el imam Al-Lajmi en su "*Tabṣira*", 1/174: "Los tipos de tierra utilizados para tayammum se dividen en tres categorías:

1. **Permitido (*ŷā'iz*):** Esto es cuando se realiza tayammum con tierra pura, y cuando el elemento usado está sobre la tierra, es decir, no se ha transportado, sea dicho elemento habitual o no, como el azufre, el arsénico, el mineral de hierro, el cobre, el plomo y materiales similares.
2. **Prohibido (*mamnū'*):** Esto ocurre cuando se realiza tayammum con tierra impura. También incluye materiales que no muestran humildad ante Allah, como esmeraldas, zafiros, polvo de oro, mineral de plata y sustancias similares. Aunque estos son partes de la tierra, no es válido realizar tayammum con ellos. Sin embargo, si una persona se encuentra en una mina sin otra opción, se le permite realizar tayammum con la tierra de esa mina.
3. **Discutido (*mujtalafun fīh*):** se incluye en esta categoría:
    - Tierra que no está en el suelo, como arena que no está en la tierra.
    - Tierra que es suave y carece de polvo, como en una montaña, rocas o arena gruesa.
    - Sustancias que se utilizan típicamente para la alimentación, como la sal, o materiales que están sobre la tierra, pero no son de su naturaleza, como madera o hierba. Esto también incluye la sal que no proviene de una fuente mineral, o sustancias como nieve, hielo, granizo o agua congelada, que están sobre la tierra, pero no son de su naturaleza.

SECCIÓN

Sunnas y recomendaciones del *tayammum*

Y sus sunnas son:

1. Renovar la tierra para las manos[140]
2. Limpiar por encima de la muñeca hasta el codo[141]
3. Seguir el orden establecido.[142]

Y sus actos recomendables son:

1. la *tasmiya*
2. Anteponer la mano derecha a la izquierda
3. Anteponer el exterior del brazo al interior, y su principio (los dedos) a su final (codo)[143].

---

[140] Es decir, dar un segundo golpe a la tierra para limpiarse las manos después de haberse limpiado la cara con el primero. Conviene subrayar que es obligatorio según Abu Hanīfa y Aš-Šāfi'i.

[141] Según otra opinión dentro de la escuela es obligatorio. También lo es para Abu Hanīfa y Aš-Šāfi'i.

[142] Empezar con la cara seguida de las manos. Cabe destacar que según Aš-Šāfi'i y Ahmad, es obligatorio seguir el orden. Dicho esto, uno no debe arriesgarse dejando alguna de las sunnas mencionadas, ya que según otros imames, son obligatorias.

[143] La forma de pasar las manos por los brazos es pasar la mano izquierda sobre la derecha, desde la palma hasta la muñeca, luego sobre la parte interna del codo hasta el extremo del codo. Después, se pasa la mano derecha sobre la izquierda de la misma manera. No importa cómo lo haga, siempre y cuando lo realice correctamente será válido. [Véase: Ibn Ŷuzayy, "*Al-Qauāninul Fiqhiyya*", pág. 79]

SECCIÓN

Aquello que invalida el tayammum

Invalida el tayammum todo aquello que invalida la ablución normal.[144]

○ No se pueden rezar dos oraciones obligatorias con un único tayammum.

○ Quien realiza el tayammum para una oración obligatoria, le es permisible rezar después una voluntaria, tocar el Corán, circunvalar la Ka'ba, y recitar el Corán si:

I. Puso la intención de ello[145],
II. Los hace seguidamente después del rezo,
III. Los realiza sin que haya salido el tiempo del ṣalāt.

○ Es permisible con el tayammum de la voluntaria[146] todo lo mencionado, salvo realizar la oración obligatoria.

○ Quien reza el Išā' con tayammum, debe realizar el shaf' y el Uitr seguidamente después, sin retrasarla.

○ Quien realice el tayammum debido a una **ŷānāba**, debe tener la intención de hacerlo para ello.

---

[144] Es necesario añadir entre los anuladores del tayammum el hecho de encontrar agua suficiente para la ablución antes de comenzar el ṣalāt, o si durante el ṣalāt se recuerda que se dispone de agua, en ese caso el tayammum se invalida también.

[145] Al realizar el tayammum.

[146] Es decir, el tayammum realizado con la intención de poder llevar a cabo una adoración voluntaria.

SECCIÓN

LA MENSTRUACIÓN

Las mujeres menstruantes son de tres categorías:

1. Novicia[147]
2. Acostumbrada[148]
3. Embarazada[149].

[147] Es aquella que ve por primera vez la sangre.

[148] Si la mujer ya ha tenido períodos anteriores, su regla será similar a la duración de su último ciclo. Por ejemplo, si está acostumbrada a tener la regla durante cinco días, su periodo principal para el siguiente mes será de cinco días. Si el sangrado se extiende más allá de esos cinco días, se considerarán tres días adicionales como parte de la menstruación, es decir, un total de ocho días. Todo sangrado posterior al octavo día no se considerará menstruación, sino sangrado crónico intermenstrual. Y si en el siguiente periodo ocurre lo mismo añadiría otros tres días a partir del octavo y así hasta que se alcancen 15 días.

[149] Es fundamental destacar que algunas de las cuestiones mencionadas por nuestros venerados imames, especialmente en el ámbito de la medicina, se basan en un conocimiento limitado por los recursos y avances de su tiempo. Hoy en día, la ciencia nos enseña que una mujer embarazada no puede tener la menstruación, aunque **sí podría experimentar sangrados leves**. Por lo tanto, cuando la escuela malikí incluye a la mujer embarazada entre las menstruantes, no es necesario darle mayor trascendencia, ya que, de haber contado con los avances científicos actuales, los malikíes serían los primeros en no considerar el sangrado durante el embarazo como menstruación. En resumen, la diferencia no es sustancial, sino únicamente verbal.

El periodo máximo para la mujer novicia es de 15 días[150], mientras que, para la mujer acostumbrada, su ciclo habitual es el que se considera. Sin embargo, si el sangrado se prolonga más allá de su costumbre, tendrá que añadir tres días adicionales, siempre que no supere los 15 días.

En el caso de la mujer embarazada, después de tres meses, se considerarán 15 días o un poco más; después de seis meses, se contabilizarán unos 20 o un poco más.

Si el sangrado se detiene antes de estos plazos, se debe contar los días hasta completar su costumbre.[151]

---

[150] Es decir, si el sangrado dura más de 15 días, ya no se considera menstruación. En ese caso, la mujer tendría que volver a rezar, y ayunar, y se le permitirían las mismas cosas que a cualquier otra mujer excusada.

[151] Si la mujer, ya sea novicia, acostumbrada o embarazada, experimenta sangrado por un día y luego pasa dos días de pureza, o al revés, o si el sangrado se interrumpe de cualquier otra forma, lo que debe hacer es sumar los días de sangrado hasta completar 15 días para la mujer novicia, el periodo habitual para la mujer acostumbrada, 15 días para la mujer embarazada entre los 3 y 5 meses, y 30 días para la mujer embarazada de más de seis meses. En este caso, también debe bañarse cada vez que se interrumpa el sangrado, también debe rezar y ayunar, y podrá mantener relaciones íntimas con su esposo. [Véase: Ibn Ŷuzayy, "*Al-Qauāninul Fiqhiyya*", pág. 82]

❖ **Cuestiones relacionadas con la menstruación**:

1. El tiempo mínimo entre dos periodos es de 15 días, es decir, si ve el sangrado antes de cumplir 15 días desde el último periodo, este sangrado se consideraría sangrado crónico "*istiḥāḍa*".

2. La mujer que experimenta un sangrado intermenstrual tiene que realizar el ṣalāt repitiendo la ablución para el tiempo de cada ṣalāt, y también debe ayunar. =

[Prohibiciones durante la menstruación]

Es importante destacar que no es lícito para una mujer que está menstruando:

1. Realizar la oración
2. Ayunar
3. Realizar el *tawāf*
4. Tocar el Corán
5. Entrar en una mezquita[152].
6. Mantener relaciones sexuales con su marido, así como cualquier contacto íntimo con lo que se encuentra entre su ombligo y sus rodillas, hasta que realice el baño ritual mayor.

- La mujer menstruante debe recuperar el ayuno, pero no las oraciones.
- Su lectura del Corán es permisible.[153]

---

3. Las señales del final del periodo menstrual son dos: la sequedad vaginal "*ŷufūf*" o la aparición de un flujo blanco "*Al-qaṣṣatul bayḍā*". Dependiendo de la mujer y de la señal a la que esté acostumbrada, puede realizar el baño justo después de observar alguna de estas señales.

[152] Aunque sea de paso o para aprender el Corán.

[153] En la escuela malikí se encuentran diferentes opiniones al respecto:

1. Puede leer el Corán si teme olvidar lo que ha memorizado.
2. Puede leer únicamente las aleyas de protección, como *Āyatul-Kursi* y similares.
3. No puede recitar nada del Corán. Esta opinión es también la de las tres escuelas, por lo tanto, es sumamente recomendable seguir a la mayoría. [Véase: Dusūqi, "*Al-Ḥāšiya*", 2/236, Lajmi, "*Attabṣira*", 1/217, Ibn Ŷuzayy, "*Qauānīn*", pág.83]

SECCIÓN

SANGRADO POSTPARTO

El sangrado postparto, conocido como *nifās*, se considera similar a la menstruación en cuanto a las prohibiciones.

Su duración máxima es de 60 días. Si el sangrado cesa antes de este plazo, incluso el mismo día del parto, la mujer debe realizar la ablución mayor y rezar. En caso de que la sangre regrese, si han transcurrido 15 días o más desde el cese, el segundo sangrado se considera como menstruación. Si no ha pasado este tiempo, se considera parte del *nifās* y se cuenta como un único período.[154]

[154] Queda por mencionar el juicio de dos flujos que salen de la vagina o del útero y que no fueron mencionados por el autor:

1. **El líquido amniótico**: Este es el fluido que rodea al bebé en el útero durante el embarazo, y se libera principalmente en el momento del parto (al romperse las aguas). Este líquido se considera impuro y en cuanto a la necesidad de hacer la ablución al verlo existen dos opiniones en el maḏhab.
2. **Los flujos vaginales normales**, es decir, las secreciones que no tienen motivo aparente, y que pueden ocurrir en cualquier momento. Sobre estos hay diferencia de opinión sobre su pureza, pero hay consenso sobre la necesidad de realizar la ablución tras verlos.

EL ṢALĀT

SECCIÓN

LOS TIEMPOS DEL ṢALĀT

El **tiempo elegido**[155] para:

- El **ẓuhr** comienza cuando el sol pasa su cenit y continúa hasta que la sombra de un objeto alcanza su misma longitud.
- El **'asr** inicia cuando la sombra de un objeto es igual a su altura y se extiende hasta la puesta del sol. El **tiempo urgente** para ambos rezos se extiende hasta el ocaso.
- El **magrib** es el tiempo justo para rezar, una vez que se han cumplido sus requerimientos[156].
- El **'išā** comienza con la desaparición del crepúsculo y se extiende hasta el primer tercio de la noche. El **tiempo urgente** para ambos rezos dura hasta la salida del alba.

---

[155] En la escuela māliki el tiempo de las oraciones es de dos categorías: Elegido y Urgente.

El Tiempo elegido "*mujtār*": es el tiempo en el que debe realizarse el ṣalāt en condiciones normales.

El tiempo urgente "*ḍarūrī*": es el tiempo en el que se puede realizar el ṣalāt para aquellos que tienen una excusa. Por lo tanto, si una persona no tiene una excusa, se le prohíbe aplazar su ṣalāt hasta después del tiempo *mujtār*.

[156] Ablución, llamada a la oración, iqāma, y el mismo ṣalāt, lo cual suele durar aproximadamente 15-20 minutos.

- El **ṣubḥ** inicia con el alba y continúa hasta la primera iluminación del cielo[157]. El **tiempo urgente** para este rezo es hasta la salida del sol.

Una vez que se hayan superado los tiempos indicados, la oración realizada se considera una oración de recuperación.

Quien retrase la oración hasta que haya pasado su tiempo, habrá cometido un grave pecado, salvo si lo hizo por olvido o por haber estado dormido.

[Tiempos de detestabilidad]

No se debe rezar una oración voluntaria después de:

1. Realizar la oración del ṣubḥ hasta que se eleve el sol[158].
2. Ni después de la oración del 'asr hasta la oración del magrib.
3. Ni después de la entrada del alba, excepto el wird[159] para quien se haya dormido.
4. Tampoco se debe rezar después de que el imam se siente en el mimbar para el **jutba** del viernes.
5. Ni después de la oración del viernes hasta que se haya salido de la mezquita.

---

[157] Cuando aparece una parte del sol en el horizonte.

[158] Aproximadamente 16 minutos después de la salida del sol.

[159] El **wird** es un término que se refiere a una serie de oraciones o plegarias que se recitan de manera regular y sistemática, generalmente de forma voluntaria.

SECCIÓN

CONDICIONES DEL ṢALĀT

Las condiciones de la oración son:

1. Tener la pureza ritual[160]
2. Mantenerse libre de impurezas materiales ya sea en el cuerpo, la ropa o el lugar[161].
3. Tapar la *ʿawra*[162]
4. Dirigirse hacia la quibla[163],
5. No hablar[164],
6. No excederse en los movimientos.[165]

---

[160] Se consigue con la ablución o baño ritual mayor. En caso de no poder usar agua, con el tayammum.

[161] Lo importante es no interactuar con la impureza, por lo tanto, si al lado del orante hay una impureza con la cual no hay contacto, no afectaría a la validez del ṣalāt.

[162] Partes del cuerpo que no se deben mostrar en público. Para los hombres, va desde el ombligo hasta las rodillas sin incluirlos, y todo el cuerpo excepto rostro y manos para la mujer.

[163] Para quien está en La Meca *-que Allah la proteja y libere-* y visualiza la Ka'ba, la obligación es dirigirse a la misma Kaʿba. No obstante, quien no la visualiza solo se le exige dirigirse a su dirección.

[164] Si habla algo no relacionado con la corrección de su ṣalāt, o habla por ignorancia, obligado, o para alertar a una persona que corre un serio riesgo, se invalidaría su ṣalāt. En cambio, si habla para corregir el ṣalāt, como quien corrige a su imām, o habla por olvido, su ṣalāt sería válida, pero tendría que postrarse al final de su ṣalāt por su olvido.

[Cuestiones relacionadas con los pilares]

1. La *'awra* del hombre es lo que hay entre el ombligo hasta la rodilla, y todo el cuerpo de la mujer es *'awra*, salvo la cara y las manos.[166]

2. Se detesta la oración con *sarāwīl*[167], salvo que haya encima de ellos algo.[168]

3. Quien se haya ensuciado la vestimenta con una impureza y no encuentre una vestimenta limpia, ni agua para lavarla, o no tenga lo necesario para cubrirse hasta poder lavarla y teme que se agote el tiempo de la oración, deberá rezar con la vestimenta impura. No es lícito retrasar la oración por la falta de pureza material, y quien lo haga

---

[165] El límite que distingue el exceso es que el orante se mueva de tal forma que quien lo observe no piense que está en *ṣalāt.*

[166] La 'awra, según la escuela malikí, se divide en dos categorías: **grave y leve**. La **'awra grave** en el hombre son las partes íntimas (delantera y trasera), mientras que en la mujer abarca desde el ombligo hasta las rodillas. Si se descubre una parte de la 'awra grave, esto anula inmediatamente el ṣalāt. Sin embargo, si la parte descubierta pertenece a la 'awra leve, la oración solo se anularía si se hace de manera intencionada. Si se descubre por error, se requeriría repetir el ṣalāt dentro del tiempo establecido. Dicho esto, no debemos caer en la desinformación, a veces provocada por divulgadores ignorantes, que se extiende sobre la supuesta permisividad en la escuela malikí de que un hombre pueda mostrar los muslos destapados en público. Como ya hemos mencionado, está totalmente prohibido mostrar cualquier parte de la 'awra.

[167] Pantalones parecidos a los aladinos, y que, en aquella época, se vestían como pijamas o como ropa interior.

[168] Se detesta también la oración con cualquier pantalón que defina la 'awra, o tenga algo de transparencia.

habrá desobedecido a su Señor.

4. Quien no encuentre algo con lo que oculte su *'awra*, reza desnudo.[169]

5. Quien se equivoque al orientarse hacia la quibla, debe repetir la oración dentro del tiempo correspondiente[170].

6. Toda repetición dentro del tiempo es un acto aprobado.[171]

7. Aquello tras lo cual se repite la oración dentro del tiempo, no se repite por ello, ni las oraciones perdidas[172] ni las voluntarias.

---

[169] Si solo encuentra una prenda pequeña que cubre una parte de la 'awra, sería obligatorio su uso y tendría que tapar con ella las partes íntimas. Y es preferible que el desnudo rece sentado inclinándose, con las piernas extendidas hacia la quibla, y si no lo hace también sería válida su oración.

[170] Lo que quiere decir el imam es que, si alguien desconoce la dirección de la quibla, debe investigar para conocerla. Si su indagación le lleva a dirigirse a una dirección diferente a la de la quibla, deberá repetir la oración dentro del tiempo establecido.

Si se da cuenta de su error durante el ṣalāt y la desviación es leve, debe redirigirse. Sin embargo, si la desviación es grave, debe interrumpir su ṣalāt y repetirlo desde el principio. En el caso de quien no puede dirigirse hacia la quibla debido a una enfermedad, no puede bajar de su montura, o teme a un enemigo, su quibla será la dirección hacia la que pueda orientarse y estar seguro. [*Minaḥul 'Ali*]

[171] Si una persona reza sola y luego se encuentra con una congregación, puede repetir su ṣalāt con ellos. De igual manera, si se distrae mucho durante su ṣalāt y desea repetirla con más concentración, también es válido.

[172] Dado que el tiempo de la oración recuperada termina una vez que se da el salām, por lo que no hay margen para repetirla.

SECCIÓN

PILARES DEL ṢALĀT

Las obligaciones de la oración son:

1. Poner la intención específica del rezo[173]
2. El *takbīr* de la consagración[174]
3. Estar de pie para ella
4. Recitar la Fātiḥa[175]
5. Estar de pie para ella
6. Realizar la inclinación "*rukū*"[176]
7. Levantarse de ella
8. La prosternación sobre la frente[177]

---

[173] Es decir, especificar qué ṣalāt se va a realizar: faŷr, ẓuhr, 'asr, magrib o 'išā, y si se realiza en su tiempo o es una recuperación. Además, es importante señalar si la persona es seguidora en su ṣalāt. Cabe destacar que la especificación de la intención es requerida en las oraciones obligatorias y en solo cinco de las oraciones sunna: el rezo de eid, el del eclipse lunar, el Uitr, el rezo de la súplica de lluvia "istisqā" y la sunna del faŷr.

[174] Es obligatorio decir "*Allāhu Akbar*" para todo aquel que entre en la oración, ya sea que esté rezando solo, sea imam, o seguidor.

[175] En las oraciones obligatorias para el imam, y el que reza solo. En cambio, en las oraciones supererogatorias es solamente sunna.

[176] Lo mínimo para que se considere válido el rukū' es inclinar el torso de manera que las manos alcancen las rodillas sin esfuerzo. Lo ideal es que se forme un ángulo de 90 grados, y se considera detestable, e incluso inválido según una opinión, excederse de ese ángulo.

9. Levantarse de ella[178]
10. Mantenerse recto[179]
11. Estar tranquilo[180]
12. Mantener el orden entre los pilares
13. Dar el *salām*[181]
14. Estar sentado para el *salām*.

- El requisito de la intención es realizarla al mismo tiempo que el *takbīr* de la consagración.

---

[177] Aunque solo una parte de la frente entre en contacto con el suelo. Cabe destacar que la postración ideal sería postrarse sobre toda la frente y la nariz. En caso de que solo se postre sobre la frente, su oración sería válida, pero se recomendaría repetirla dentro del tiempo. Sin embargo, si se postra solo sobre la nariz, tendría que repetir su ṣalāt, ya sea dentro o fuera del tiempo, ya que no es válida.

[178] Levantarse del *suŷūd* es obligatorio por consenso, a diferencia de levantarse del *rukū'*, sobre lo cual existe la opinión de que es una sunna.

[179] Se refiere a estar recto cuando se inicia el ṣalāt, se recita la fātiḥa y la sura, o al levantarse del rukū' o del suŷūd. Cabe destacar que dentro del madhab existe una diferencia de opinión sobre si la rectitud es obligatoria al levantarse del rukū' y del suŷūd. La opinión mayoritaria sostiene que no lo es, y quien no se levante completamente habrá cometido un error, por el cual debe pedir el perdón de Allah y no volver a hacerlo, sin que ello anule su ṣalāt.

[180] Es decir, realizar los pilares del ṣalāt con tranquilidad, permitiendo que los miembros del cuerpo cumplan con cada pilar durante el tiempo necesario.

[181] El salām se debe dar diciendo: "*Assalāmu 'Alaikum*", sin necesidad de añadir "*Wa Raḥmatullah*", con el rostro hacia la quibla, pero ligeramente hacia la derecha. No se debe dar el salām a la izquierda si uno está rezando solo o es imām. Sin embargo, si reza como seguidor, después de dar el primer salām, da un segundo mirando al frente, como respuesta al imām, y luego da un tercer salām a la izquierda, en caso de que haya alguien rezando a su izquierda. [Imam Mālik. "*Mudawwana*", 1/226]

SECCIÓN

SUNNAS DEL ṢALĀT

Y sus sunnas son:

1. Dar la *iqāma*[182]
2. Recitar una sura después de la fātiḥa,[183]
3. Levantarse para ella,
4. Recitar en voz baja en lo que corresponda[184]
5. y en voz alta en lo que corresponda,[185]

---

[182] La iqāma consiste en pronunciar, antes de iniciar el ṣalāt obligatoria, las mismas palabras del aḏān, pero sin repetirlas salvo los takbīr, y añadiendo "*Qad qāmatiṣ-ṣalāt*" antes del último takbīr. Si el ṣalāt se realiza en congregación, uno de los asistentes debe hacer la iqāma en voz alta, lo mismo si un hombre reza solo. En cuanto a la mujer y el niño, se recomienda que la reciten en voz baja cuando recen solos. [Qarāfi, "*Aḏḏajīra*", 2/73]

[183] O tres aleyas de cualquier sura en la primera y la segunda *rak'a* para quien reza solo o es imām. Y es recomendable que se recite una sura completa. En caso de que se olvide de recitar la sura en las primeras dos, no las recita en la tercera y la cuarta. [*Ḏajīra*, 2/208]

[184] En las oraciones de ẓuhr, 'aṣr, la tercera del magrib y las últimas dos del 'išā. El nivel más alto de la voz baja es aquel en el que solo él se escucha a sí mismo, y el mínimo es que mueva la lengua al recitar. ["*Minaḥ*", pág.239]

[185] En la oración del faŷr, y en las dos primeras del magrib e 'išā. Lo mínimo para considerar que la voz es alta es que una persona a su lado pueda escucharla. Es sunna elevar la voz para el imām y quien reza solo, con la excepción de la mujer, para quien la sunna es que, como máximo, solo se escuche a sí misma.

6. Decir: "*Sami'allāhu liman ḥamidah*"[186]
7. Cada "*takbīr*" es sunna salvo el primero.
8. Realizar los dos *tashahhud*[187]
9. Estar sentado para ellos[188]
10. Adelantar la *fātiha* a la sura,
11. Dar el segundo salām[189],
12. y el tercero para el seguidor[190].
13. Elevar la voz para el salām obligatorio[191]
14. Enviar saludos y bendiciones al Mensajero de Allah *-que la paz y las bendiciones de Allah sean con él y su familia-*[192]

---

[186] Para el imam y quien reza solo. En cambio, el seguidor dice únicamente: "*Rabbanā wa laka'l ḥamd*"

[187] El tashahhud narrado por Omar ibn Al-Jaṭṭāb es el siguiente: "*At-taḥiyyātu lillāh, Az-zākiyātu lillāh, Aṭ-ṭayyibātuṣ-ṣalawātu lillāh...*" y sigue como las demás narraciones. ["*Muaṭṭa*", (200)]

[188] Según la opinión mayoritaria en la escuela māliki, el modo recomendable para la sedestación es el mismo en **todo el ṣalāt**. Se le conoce como "*tawarruk*" y consiste en sentarse pegando los glúteos al suelo, con las piernas extendidas hacia el lado derecho y el pie derecho doblado con los dedos hacia la quibla, quedando la pierna derecha por encima de la izquierda.

[189] En respuesta al imam en caso de que el seguidor haya alcanzado con él una rak'a o más, siga el imām sentado en su sitio o se haya ido. ["*Minaḥ*", pág.243]

[190] Es decir, el seguidor da el tercer salām en caso de que haya alguien a su izquierda.

[191] Eleva la voz en el primer salām de modo que le escuche quien esté a su lado, no más. Es así para cualquiera que esté rezando sea imam, rece solo, o sea una mujer.

[192] Según la escuela Shāfi'i es obligatorio en la última sedestación.

15. Prosternarse sobre la nariz, las dos palmas, las rodillas, y los dedos del pie[193],
16. Situar una *sutra*[194] delante de quien no sigue a un imām. Su tamaño mínimo es el grosor de una lanza y la longitud de un antebrazo, y debe ser pura y firme, de manera que no distraiga.[195]

[193] Por la parte interior.

[194] Sutra: Dícese de cualquier objeto que se coloca delante de aquel que reza con el fin de minimizar la distracción y marcar su espacio de rezo.

[195] Existen diferencias de opinión dentro de la escuela sobre si se considera sunna o simplemente recomendable. Lo más cercano sería considerarlo sunna cuando haya alta probabilidad de que alguien pase por delante, como en una mezquita tras la congregación o en lugares concurridos. En cambio, se podría considerar recomendable cuando se está en un lugar con poca probabilidad de que pase alguien.

❖ **Cuestiones relacionadas con la *Sutra*:**

1. Es sunna es que el orante se acerque a ella y la sitúe hacia uno de sus lados, y que no se dirija a ella totalmente.
2. En caso de que el orante no coloque la sutra, se consideraría prohibido pasar entre él y el lugar donde se postra, según una opinión, y según otras opiniones, esta prohibición se extiende a mucho más.
3. Se le permite a quien haya entrado después de la primera rak'a en el ṣalāt en congregación, y deba completar lo que le falta después de que la congregación culmine, moverse hacia adelante, hacia atrás o a los lados para acercarse a un objeto, para no obstaculizar el paso de los creyentes.
4. No se toma nada de delante del orante, pues es una falta similar a pasar por delante, y un motivo de distracción. ["*Mudawwana*", 1/114]

SECCIÓN

ACTOS RECOMENDABLES

Sus actos recomendables son:

1. Levantar las dos manos durante la consagración[196] hasta que lleguen a la altura de las orejas[197].
2. Decir "*rabbanā wa lakal ḥamd*" (Oh nuestro Señor, a Ti pertenece la alabanza), para el seguidor y el que reza solo,
3. Decir '*Āmīn*' después de la Fātiḥa para quien reza solo o es seguidor, y no la dice el imām salvo en la lectura de voz baja.

---

[196] La especificación de la consagración da a entender que en la escuela maliki, no se aprecia el levantar las manos cuando se pasa entre los pilares como en otras escuelas.

[197] Esto que menciona el autor es una opinión, sin embargo, la opinión mayoritaria en el maḏhab es que se elevan hasta la altura de los hombros. Y en cuanto a la forma en la que se elevan, existen dos opiniones:

- **la primera** sostiene que se elevan de modo que la parte exterior de las palmas de las manos esté dirigida al cielo y la parte interior hacia el suelo, como quien teme algo.
- **La segunda** opina que se extiendan los dedos hacia el cielo y la parte interior de las palmas hacia la quibla, como quien aparta todo lo que le distrae para concentrarse en el ṣalāt.

Cabe destacar que la mujer solo eleva las manos hasta la altura del pecho según la opinión preponderante.

4. Decir el *tasbīḥ* en el *rukū'*[198]
5. Suplicar en la prosternación[199],
6. Alargar la recitación en el ṣubḥ[200], y el ẓuhr le sigue[201],
7. Y acortarla en el 'aṣr y el magrib[202],
8. Y mantener una duración media para el 'išā[203],
9. Recitar en la primera *rak'a* una sura que vaya antes que la segunda que se vaya a recitar.
10. Y más larga que ella,
11. Cuidar la posición conocida en el *rukū'*,[204]
12. el *suŷūd*,[205]

---

[198] El tasbīḥ del rukū' consiste en decir: "*Subḥana Rabbiyal 'Aẓīm*" o añadir también "*wa biḥamdih*" tres veces.

[199] Aparte de realizar el *tasbīḥ* en la prosternación diciendo: "*Subḥāna Rabbiyal A'lā*" tres veces, se recomienda realizar una súplica, ya sea relacionada con lo terrenal o con lo del más allá, siendo preferible suplicar únicamente lo relacionado con el beneficio religioso.

[200] Se recomienda recitar las suras largas del *mufaṣṣal*, el cual es el último séptimo del Sagrado Corán, concretamente desde la sura Al-ḥuŷurāt (n.º 49) hasta el final.

[201] Es decir, también se recomienda alargar la recitación en el ẓuhr, sin embargo, un poco menos que en el faŷr.

[202] Recitando una de las suras que se encuentran entre Az-zalzala (n.º 99) y el final.

[203] Recitando una de las suras que se encuentran entre Aṭ-ṭāriq (n.º 86) y Al-Bayyina (n.º 98).

[204] Sujetando las rodillas con las manos, manteniendo la espalda y las piernas rectas, sin inclinar ni levantar la cabeza, y apartando los brazos del abdomen.

[205] Se realiza manteniendo la frente y la nariz pegadas al suelo, con las palmas de las manos sobre el suelo a la altura de las orejas, y los dedos extendidos hacia la quibla. Las rodillas deben estar separadas, al igual=

13. y en la sedestación[206],
14. Realizar el *qunūt*[207] en voz baja antes de la inclinación "*rukū*'" y después de recitar la sura en la segunda *rak'a* del ṣubḥ, y está permitido realizarlo después de la inclinación.
15. Hacer *du'ā* después del segundo *tashahhud,*
16. Alargar el segundo *tashahhud* más que el primero,
17. Girar ligeramente a la derecha en el *salām*[208],
18. Mover el índice durante el *tashahhud.*[209]

=que el abdomen de los muslos, sin pegar los brazos al suelo y abriéndolos ligeramente hacia los lados. También se recomienda juntar los pies y mantener los dedos doblados hacia la quibla.

[206] Sentándose en la posición de *tawarruk* ya explicada, y situando las manos sobre los muslos cerca de las rodillas.

[207] El qunūt en la escuela māliki hace alusión a la súplica excepcional que se realiza en la oración del faŷr. Puede ser cualquier súplica, aunque se recomienda la siguiente: "*Allāhumma inna nasta'īnuka, ua nastagfiruk, ua nu'uminu bika ua natauakkalu 'alaik, ua nuṯni 'alaika-l jaira kullah, naškuruka ua lā nakfuruk, ua najna'u lak uanajla'u ua natruku man yafŷuruk, Allāhumma iyyāka na'abud, ua laka nuṣallī ua nasŷud, ua ilaika nas'ā ua naḥfid, narŷū raḥmataka ua najāfu 'aḏābakal ŷidd, inna 'aḏābaka-l bil kafirīna mulḥiq, ua ṣalla Allāhu 'alan-nabiyyi ua ālihi ua sallam*"

[208] El momento en el que el imam, o quien reza solo, gira la cabeza es cuando llega a la "k ك" de "'*Alai***k***um*", en cambio el seguidor lo hace cuando comienza a pronunciar el salām.

[209] Se cierran los tres dedos, el meñique, anular y corazón; se extiende el dedo índice, y el pulgar se deja en su posición natural. La mano se sitúa de manera que el interior del dedo índice esté dirigido hacia el rostro del orante, y luego se gira con una velocidad media de derecha a izquierda. La otra opinión es que el exterior del dedo índice esté dirigido hacia el cielo, y en este caso, el dedo se debe subir y bajar.

SECCIÓN

ACTOS QUE SE DETESTAN

Es detestable:

1. Girar el cuello durante la oración[210]

2. Cerrar los ojos[211]

3. Pronunciar la *basmala*[212] y el *ta'awwuḏ*[213] en el ṣalāt obligatorio[214]. En cambio, en el rezo supererogatorio está permitido.

[210] Dijo el Profeta ﷺ: "Ciertamente Allah acude a su siervo durante el ṣalāt, siempre que no se distraiga (girando la cabeza). En caso de que lo haga, Allah se aparta de él" [Abu Dāūd (909), Nasā-i (1195)]. Esta detestabilidad se mantiene salvo que sea por una necesidad, como el día en el que Abu Bakr ﵁ era el imam de los musulmanes (durante la enfermedad del Profeta ﷺ), y cuando entró el Profeta ﷺ en medio del ṣalāt, Abu Bakr ﵁ giró su cuello para ver el estado del Profeta ﷺ y anticiparlo para que sea el imam.

[211] El Profeta ﷺ desaconsejó cerrar los ojos durante el ṣalāt, [Tabarāni, "*Al-Kabīr*" (10956)]

[212] Es decir, pronunciar: "*Bismillāhir-Raḥmānir-Raḥīm*" antes de recitar la fātiha o la sura.

[213] "*A'ūḏu billāhi minaš-šayṭānir-Raŷīm*"

[214] La opinión de que es detestable es una posición reconocida dentro del *maḏhab*, sin embargo, existe una narración del imám Mālik que indica su licitud. También hay otra opinión dentro de la escuela que sugiere su recomendación, e incluso, según Ibn Nāfi', llega a ser obligatorio pronunciarla.

4. Sostenerse sobre solo un pie, salvo que se alargue el *qiyām*.[215]

5. Juntar las piernas[216]

6. Poner una moneda u otra cosa en la boca, así como todo aquello que le distraiga o le moleste en su bolsillo, su manga o en su espalda.

7. Pensar en cosas mundanas y todo aquello que le distraiga de concentrarse en el rezo.[217]

* * * * *

[215] Alternar entre las piernas, dejando el peso del cuerpo sobre una de ellas, no es detestable, siempre y cuando ambos pies toquen el suelo.

[216] Es detestable estar de pie de una forma desequilibrada; por lo tanto, es recomendable dejar un espacio entre cada pie (dependiendo del tamaño de la persona) y entre las rodillas durante la sedestación. Sin embargo, para las mujeres, se recomienda siempre guardarse según las cuatro escuelas.

[217] Quedan por mencionar varios actos que se detesta realizar durante el ṣalāt como, por ejemplo: poner la mano sobre la otra en una oración obligatoria con la intención de apoyarse, chascarse o entrelazar los dedos, postrarse sobre su vestimenta, hacer du'a después de la consagración y antes de la recitación, rezar con coleta, alargar la segunda rak'a más que la primera en cualquier oración, repetir una sura en la misma rak'a de una oración obligatoria, levantar la mirada al cielo, rezar aguantando las necesidades o los gases, rezar con vestimenta descuidada, etc.

SECCIÓN

El ṣalāt tiene una luz inmensa que ilumina los corazones de los creyentes, pero solo lo alcanzan aquellos que se centran en ella. Por tanto, cuando te dispongas a rezar, vacía tu corazón de todo lo que pertenece al mundo y sus distracciones, y enfócate únicamente en la vigilancia de tu Señor, al que adoras buscando Su rostro. Piensa que la oración es un acto de temor y humildad hacia Allah ﷻ en cada levantamiento, reverencia y prosternación, en cada glorificación. Es un acto de veneración en cada *takbīr*, *tasbīḥ* y *ḏikr*. Así, guarda tu oración, pues es la más sublime de las formas de adoración. No permitas que el diablo juegue con tu corazón ni te distraiga de tu rezo, no dejes que tu corazón muera y te prive del placer de las iluminaciones que trae consigo la oración. Te corresponde ser constante en el temor durante ella, ya que es a través de ese temor que se consigue la protección de la abominación y el pecado. Por tanto, pide ayuda a Allah, el Mejor de los Auxiliadores.

❋ ❋ ❋ ❋ ❋

SECCIÓN

[Posturas en las que se realiza el ṣalāt]

La oración obligatoria tiene siete posturas ordenadas en las que debe realizarse. Cuatro de ellas son obligatorias, y tres son recomendadas:

- La primera postura es estar de pie sin apoyo;
- La segunda es estar de pie con apoyo;
- La tercera es sentarse sin apoyo;
- La cuarta es sentarse con apoyo.[218]

El orden entre estas cuatro posturas es obligatorio, y si una persona puede realizar una de ellas, pero decide hacerla en una postura inferior, su oración será inválida.[219]

Las tres posturas recomendadas son: que la persona incapaz de realizar las posturas mencionadas rece recostado

---

[218] El modo de sentarse es con las piernas cruzadas en el suelo, según la opinión predominante, o sobre las rodillas dobladas, como en el tashahhud, según otra opinión. Dicho esto, no se permite rezar sentado sobre una silla, a menos que sea imposible sentarse en el suelo; en ese caso, se consideraría dentro de la categoría de quien no puede rezar en las cuatro posturas mencionadas.

[219] Lamentablemente, en la actualidad muchas personas rezan sentadas, sin siquiera considerar realizar el ṣalāt de pie apoyados, o sentados sin apoyarse, y, por lo tanto, sus oraciones quedan anuladas sin que se den cuenta.

sobre su lado derecho, luego sobre el izquierdo, y finalmente sobre su espalda. Si cambia el orden de estas tres posturas, su oración no se invalida.

El apoyo que invalida la oración de quien es capaz de prescindir de él, es aquel que, al caerse, cae el orante. Si la ausencia de apoyo no hace caer al orante, entonces se considera detestable, pero no invalida la oración.

En cuanto a las oraciones voluntarias (nafl), está permitido que la persona que pueda mantenerse de pie rece sentada, y entonces recibe la mitad de la recompensa de quien la realiza de pie[220]. También es válido comenzar la oración sentándose y luego ponerse de pie, o empezar de pie y sentarse después. Sin embargo, si alguien comienza la oración con la intención de permanecer de pie durante ella, no se permite que se siente después.

[220] Salvo que sea por incapacidad o enfermedad, entonces se le recompensa como si hubiese realizado su ṣalāt de pie.

SECCIÓN

[Recuperación de oraciones perdidas]

Es obligatorio cumplir con las oraciones pendientes (*qaḍā'*) y no está permitido descuidarlas. Quien recupera cada día las oraciones de cinco días[221] no se considera negligente en este aspecto[222].

Debe realizar el *qaḍā'* de las oraciones perdidas de la misma forma en que fueron perdidas: si la oración era en estado de residencia (*ḥaḍar*), debe rezarla como tal, y si era en viaje (*safar*), debe rezarla como la rezaría en el viaje[223], independientemente de si está en estado de residencia o en viaje en el momento de realizar el *qaḍā'*.

---

[221] Es decir, cada día tendría que rezar treinta oraciones, las cinco del día presente, y veinticinco de las perdidas.

[222] Esta es una de las opiniones. Otros opinan que, como mínimo, se deberían recuperar las oraciones de dos días cada día; otros consideran que basta con recuperar un día cada día. Según otra opinión, no se debe limitar a un número específico, sino que se debe intentar recuperar el máximo número posible sin que afecte al trabajo necesario de cada uno. [Véase: Dusūqi, "*Ḥāšiya*", 2/569]

[223] Es decir, si se dejó la oración del ẓuhr durante un viaje, la recupera rezando dos rak'āt aunque esté en su domicilio.

- Si una persona pierde una oración estando enferma y luego se cura, debe recuperarla en el mejor de sus estados. Por otro lado, quien deja de hacer una oración estando en pleno estado de capacidad y salud, y luego enferma, la recupera según sus posibilidades, aunque solo pueda realizarla sentado o recostado.

[Seguir el orden en la recuperación de las oraciones]

- Es obligatorio cuidar el orden entre dos oraciones presentes.[224]
- También es obligatorio entre **pocas oraciones** perdidas, y la presente, cuando se recuerdan.[225]
- Las oraciones que se consideran pocas son al menos cuatro oraciones.[226]
- Si alguien tiene que recuperar cuatro oraciones o menos, debe rezarlas antes de la oración presente, aunque expire su tiempo.[227]
    - El qaḍā' puede realizarse en cualquier momento.[228]

❋ ❋ ❋ ❋ ❋

[224] Como el zuhr junto al Asr, o el magrib junto al 'iša, pues como ya se mencionó comparten una parte del tiempo.

[225] Por lo tanto, si uno reza la presente y después de terminar recuerda que debe recuperar una oración anterior, recupera la que debe sin la necesidad de repetir la que rezó después.

[226] Según otra opinión dentro de la escuela, y es la opinión de la escuela ḥanafi, se consideran pocas si son menos de seis.

[227] Esta es la opinión preponderante en el maḏhab, sin embargo, existe otra opinión reconocida que da preferencia a la oración del tiempo si se teme que expire su tiempo. [Ibn Abdul Barr, "*Al-Kāfi*", 1/223]

[228] Incluso en los tiempos de detestabilidad ya mencionados.

[Ocuparse con oraciones voluntarias]

Quien tiene oraciones pendientes no debe realizar oraciones voluntarias (*nafl*), ni la oración del Ḍuḥā, ni el Qiyām de Ramaḍān (oraciones nocturnas del Ramadán), y no se le permite hacer, excepto la oración del Shafʿ y el Witr, la sunna del Fajr, la oración de los dos Eid (Fiesta del Sacrificio y Fiesta del Ramadán), la oración de eclipse (*kusūf*) y la oración de la lluvia (*istisqāʾ*).

También es permisible que quien tiene oraciones pendientes ore en congregación si sus oraciones están igualadas en cuanto a la forma[229].

Y si alguien olvida cuántas oraciones pendientes tiene, debe rezar un número de oraciones que no le deje ninguna duda.

[229] Es decir, si el imam reza el magrib del tiempo presente, el seguidor que debe una oración magrib puede seguirle con la intención de recuperación.

SECCIÓN

LA POSTRACIÓN DEL OLVIDO

[Tipos de postración de olvido]

La postración del olvido (*suŷūdus-sahw*) en la oración es una *sunna*.

1. Para corregir la omisión[230]: se realizan dos postraciones **antes de la salutación final**, después de completar los dos *tashahhud*, añadiendo otro *tashahhud*[231] después de estas dos postraciones.

2. En caso de una adición o aumento[232] se realizan dos postraciones **después de la salutación final**, seguidas de un *tashahhud* y otra salutación.

---

230 La omisión que se corrige con la postración del olvido es la omisión de una o más de entre ocho sunnas: la voz baja cuando corresponde, la sura, los dos *tashahhud*, la voz alta cuando corresponde, la sedestación, los *takbīr*, y decir '*Sami'a Allahu liman ḥamidah*'. La omisión de los demás actos recomendables no son motivo de realizar la postración del olvido. Por otro lado, si se omite una parte obligatoria, no sería suficiente con la postración del olvido como ya veremos más tarde.

231 Según una opinión, es sunna hacerlo; según otra, es obligatorio; y según una tercera, basada en una narración del imām Mālik, es una simple recomendación. ["*Minaḥ*", pág.289]

232 Por adición se entiende una adición leve, ya sea que pertenezca a la esencia del ṣalāt, como añadir un tercer suŷūd, o no, como hablar sin darse cuenta. Cabe destacar que, si ese movimiento leve se realiza por el bien del ṣalāt, se recomienda hacerlo, como caminar entre dos o tres filas para cubrir un espacio vacío, o para impedir levemente el paso de alguien que pasa justo delante, entre otros.

3. Si alguien **omite y añade algo**[233] en la misma oración debe realizar la postración **antes de la salutación**.

[Aquel que olvida la postración del olvido]

Si olvida la postración de omisión (*suŷūdul-qabliy*), debe realizarla si la recuerda dentro de poco tiempo[234], pero si se ha prolongado mucho o ha salido del lugar de oración, la postración será inválida y con ella la oración, si se ha olvidado tres o más *sunnas*[235]; si es menos, la oración no se invalida.

Si alguien olvida la postración posterior (*suŷūdul-ba'diy*), la realiza incluso si ha pasado un año desde que ocurrió el olvido.

[¿Cuándo no es suficiente o no se debe realizar?]

- Si alguien omite un acto obligatorio de la oración (*farīḍa*), el *suŷūd* no lo compensa.
- Tampoco se hace *suŷūd* por la omisión de los actos recomendables voluntarios (*faḏīla*).

---

233 Como quien omite más de un *takbīr*, y añade un *suŷūd*.

234 No hay un límite exacto para ello, sino que depende de lo que comúnmente se considera poco tiempo.

235 Como dejarse la sedestación media, la sura, y un *tashahhud*, o dejarse tres veces '*sami'a Allahu liman ḥamidah*' o dejarse tres *takbīr*.

- Si se deja un takbīr o un tasmī', no se requiere realizar la postración del olvido

[Algunos casos en los que se requiere la postración después del salām]

- La postración por omisión se realiza solo por la omisión de dos o más *sunnas* en la oración, salvo cuando se omite la sunna de recitar en voz baja o alta. Así, si alguien recita en voz baja mientras debería recitar en voz alta, debe hacer la postración antes de la salutación final. Si recita en voz alta lo que debería haber recitado en voz baja, debe hacer la postración después de la salutación final.

- Si alguien habla accidentalmente durante la oración, debe hacer la postración después de la salutación.

- Quien realiza el *salām*, después de dos *rak'āt*[236], por olvido, se postra después de la salutación[237].

- Lo mismo ocurre si alguien comete un error y realiza una o dos *rak'āt* de más, la postración se hace después de la salutación final.

- Si alguien añade lo equivalente a una oración completa, su oración será inválida.[238]

---

236 O de una o de tres. Lo importante es que da el salām creyendo, por error, que es el final de su ṣalāt.

237 Es decir, si no pasa un tiempo prolongado o sale de la mezquita, vuelve a consagrarse con un takbīr, completa lo que haga falta y finalmente se postra después del salām.

238 Como quien reza ocho rak'āt de ẓuhr por error. Cabe mencionar que la expresión empleada por el imām puede dar a entender que incluso en la oración del faŷr y el magrib se tiene en cuenta lo mismo; sin embargo, esto no es así según la opinión predominante del maḏhab, que sostiene que para que se invalide el faŷr y el magrib se requiere realizar **cuatro rak'āt adicionales**. [Dusūqi, "*Al-ḥāšiya*", 3/61]

- Si alguien duda sobre la completitud de su oración, debe realizar lo que duda que falta. La duda sobre la omisión de algún acto se trata como si efectivamente hubiera ocurrido la omisión. Por lo tanto, si alguien duda sobre una rak'a o una postración, debe realizarla y hacer la postración después de la salutación final.[239]

[Dudar de haber realizado el salām]

- Si duda de haber realizado el salām o no, debe realizarlo si no ha pasado mucho tiempo, sin necesidad de postración. Si la duda persiste por un largo tiempo, la oración será inválida.

[Lo que deben hacer los propensos a la duda]

- El que es propenso a la duda (el *waswās*), debe dejar de lado las dudas de su corazón y no debe realizar lo que duda sobre ello[240]. Sin embargo, debe hacer la postración después de la salutación, ya sea por duda en adiciones u omisiones.

---

[239] Es decir, si alguien duda seriamente de haberse dejado un suŷūd, y se levanta para la siguiente rak'a, vuelve al suŷud siempre y cuando se percate antes de levantarse del rukū'. En caso de que no se percate salvo después de levantarse del rukū', sigue su rak'a y se considera nula la rak'a en la que no realizó parte del suyūd, por lo tanto, tendría que realizar una rak'a entera otra vez, y finalmente postrarse después del salām para corregir el olvido.

[240] Por ejemplo, si duda sobre haber rezado tres o cuatro, culmina su salāt en la rak'a en la que está sin permitir que la duda y los susurros del šayṭān jueguen con él.

[Casos en los que no se requiere *suŷūdus-sahw*]

- Si alguien realiza el *qunūt* en voz alta, no se requiere postración por ello, aunque se considera desaprobado que lo haga intencionalmente.

- Si alguien añade una sura en las dos últimas rakʿas, no es necesario hacer postración.

- El que escuche el nombre de **Muhammad (que la paz y las bendiciones de Allah sean con él)** durante la oración y lo salude, no incurre en falta, ya sea que lo haga por olvido o conscientemente, estando de pie o sentado.

- Leer dos suras o más en una sola rakʿa, cambiar de una sura a otra, o inclinarse antes de terminar la sura, no hay problema en todo esto.

- El que haga una señal con la mano o la cabeza durante la oración no tiene que compensar nada.

[El olvido en la recitación]

- Si alguien repite la sura Al-Fātiḥa por olvido, deberá hacer la postración **después de la salutación**. Si lo hace intencionalmente, su oración será inválida.

- Si alguien recuerda que ha olvidado la sura después de haberse inclinado hacia el *rukūʿ*, no debe volver a recitarla[241].

- Si recuerda que debía recitar en voz baja (*sirr*) o en voz alta (*ŷahr*) antes de inclinarse, debe corregirlo antes

[241] En caso de hacerlo se invalidaría su ṣalāt, dado que volvió a una sunna tras haber entrado en un pilar.

del *rukū'*. Si únicamente tuvo el error en la sura, la repite y no tiene que postrarse, sin embargo, si es en Al-Fātiḥa, debe repetirla y hacer la postración después de la salutación.

- Si no se percata hasta entrar en el *rukū'*, debe postrarse **antes de la salutación** en caso de haber recitado en voz baja cuando correspondía hacerlo en voz alta, y **después de la salutación**, en caso de haber recitado en voz alta cuando correspondía hacerlo en voz baja.

[Reír, sonreír, atender y llorar en el ṣalāt]

- El que se ría durante la oración, ya sea por olvido o intencionalmente, invalida su oración. Solo el que está distraído o juega lo hace, lo cual es inapropiado. Cuando un creyente se dispone a orar, su corazón debe alejarse de todo lo que no sea Allah, y centrarse únicamente en Su grandeza y majestad. Este es el tipo de oración de los piadosos.

- No hay problema si alguien sonríe levemente.

- El llanto de quien está viviendo los significados y concentrándose en la oración es aceptado.

- Si alguien, durante la oración, escucha[242] **brevemente** a otra persona hablando, no debe nada.[243]

---

[242] Es decir, prestando atención.

[243] En cambio, si permanece atendiendo y escuchando la conversación, su ṣalāt se invalida. Y si la distracción dura un tiempo moderado, deberá realizar una postración después del salām.

[Levantarse para la tercera rak'a sin haberse sentado]

- Si alguien se levanta de las dos rak'āt antes de sentarse, y se acuerda y regresa a sentarse antes de haber levantado las manos y las rodillas, puede volver a la sedestación sin necesidad de postrarse al final. En cambio, si se levanta completamente, no debe regresar, y deberá hacer la postración antes del salām.

- Si regresa después de haberse puesto de pie, ya sea por olvido o intencionadamente, su ṣalāt será válida, pero deberá postrarse después del salām.

[Reacciones involuntarias y lo que se debe hacer]

- Si alguien sopla en su oración por olvido, debe hacer la postración después del salām. Si lo hace intencionalmente, su oración se invalida.

- Si alguien estornuda durante la oración, no debe interrumpirla diciendo *al-ḥamdulillāh* ni responder a quien le diga *yarḥamukallāh* (que Allah te dé misericordia). Sin embargo, aunque diga *al-ḥamdulillā*, no necesita compensarlo.[244]

- Si alguien bosteza durante la oración, debe taparse la boca sin emitir ningún sonido o palabra.

[244] Es decir, aunque haya incurrido en un acto detestable, no tiene que postrarse ni antes ni después.

- Solo puede escupir[245] dentro de su ropa sin pronunciar palabras.[246]

[Dudar sobre el estado de pureza ritual y material]

- Si alguien duda sobre su pureza o sobre la presencia de impurezas durante la oración, si después de pensar un poco está seguro de su pureza, no tiene que compensar nada.

[Mirar hacia los lados y girarse durante el ṣalāt]

- Si alguien mira hacia los lados durante la oración por olvido, no se le exige nada. Si lo hace intencionalmente, es desaprobado.

- Dar la espalda y desviarse de la *qibla* (la dirección de oración) invalida la oración.

[Caer en una prohibición durante el ṣalāt]

- Si alguien viste seda, oro o roba durante la oración, o mira algo prohibido, comete un pecado, pero su oración sigue siendo válida.

[Errar en la recitación del Corán]

- Si alguien comete un error en la lectura con una palabra que no es parte del Corán, debe hacer la postración después de la salutación. Si es una palabra del

[245] Una escupidura mínima y urgente.

[246] En los tiempos del autor, no había pañuelos para sonarse la nariz o demás necesidades, por lo que la gente se sonaba la nariz en la parte interior de la tela que llevaban puesta.

Corán que no cambia el significado, no se necesita postración, a menos que el error cambie el significado, en cuyo caso debe postrarse después del salām.

[Dormir durante el ṣalāt]

- Si alguien se duerme ligeramente durante la oración, no incurre en falta. Sin embargo, si se duerme profundamente, debe repetir la oración y la ablución.

[El suspiro del enfermo]

- El suspiro del enfermo es perdonable, así como la tos por necesidad, pero no se permite para la llamar la atención, aunque no invalida la oración.

[Comunicarse con alguien durante el ṣalāt con la mención de Allah]

- Si alguien lo llama, y él responde diciendo "*Subhana Allah*", está prohibido, pero su oración sigue siendo válida.

[Lo que debe hacer quien no recuerda la aleya]

- Si alguien se detiene en la recitación y no le recuerdan (la siguiente parte del Corán), debe omitir ese verso y continuar con el siguiente; si no puede, debe hacer la inclinación (rukū').

[Recitar el Corán mirando de un muṣḥaf]

- No debe mirar un muṣḥaf a menos que sea para poder recitar la Fātiḥa, la cual debe completarse, ya sea de un libro o de memoria.

[Omitir parte de la Fātiḥā]

- Si omite un verso de la Fātiḥa, debe hacer una postración antes de saludar al final de la oración, y si omite más de un verso, su oración queda inválida.

[Corregir la recitación del imām]

- Si alguien sigue la oración de un imam, y corrige a otro imam, su oración queda anulada.
- No debe corregir al imam en su recitación a menos que el imam esté esperando la apertura o se haya corrompido el significado.

[Actos que no afectan a la validez del ṣalāt]

- Si su mente divaga brevemente por pensamientos mundanos, su recompensa se verá disminuida, pero su oración no queda anulada.
- Si alguien empuja a una persona que pasa delante de él, o se postra sobre un lado de su frente, o se postra sobre una capa o dos de su turbante, no hay nada de malo en ello.

- Tampoco afectan las náuseas o el vómito a la validez de la oración.[247]

[¿Cuándo el imām asume el olvido del seguidor?]

- El olvido del seguidor lo asume el Imam, a menos que sea por la omisión de un pilar.

- Si el seguidor olvida el *rukū'*, se adormece o se ve bloqueado para inclinarse durante la oración, si aún tiene esperanza de alcanzar al Imam antes de que se levante de la segunda postración, entonces debe inclinarse y seguirlo. Si no tiene esperanza de alcanzarlo, debe omitir la inclinación y seguir al Imam, luego recuperar la *rak'a* como corresponde[248], después de que el Imam haya saludado al final de la oración.

- Si el seguidor se olvida la postración o es bloqueado o se adormece hasta que el Imam se levanta para la siguiente *rak'a*, debe postrarse si tiene esperanza de alcanzar al Imam antes de la inclinación, o de lo contrario, la omite, sigue al Imam y completa la oración. Si recupera la *rak'a*, no se requiere que se postre, salvo que tenga dudas sobre su inclinación o postración[249].

---

[247] Siempre y cuando sea en poca cantidad, y no lo vuelva a tragar.

[248] Es decir, si la rak'a anulada es de las primeras dos, la recuperación se hace recitando la fātiḥa junto a una sura, y si es de las últimas, solo se recitaría la fātiḥa.

[249] Entonces se postra después del salām, debido a la probabilidad de que el error sea de adición.

[Matar una serpiente, escorpión y similares]

- Si una serpiente o escorpión aparece y el orante la mata, no hay problema con ello, salvo que la acción se prolongue mucho o si se gira de espaldas a la quibla, lo cual corta la oración.

[Olvido y duda en la oración Shaf' y Uitr]

- Si alguien duda si está orando el Uitr o la segunda del Shaf', debe considerarla como la segunda del Shaf' y postrarse después de dar el salām.[250]

- Si alguien habla accidentalmente entre el Shaf' y el Uitr, no hay problema, pero si lo hace intencionalmente, está desaconsejado, aunque su oración sigue siendo válida.

[La postración del olvido para el seguidor]

- Si alguien llega tarde a la oración y alcanza menos de una rak'a completa con el Imam, no debe postrarse con él ni antes ni después. Si lo hace, su oración será anulada.

- Si alcanza una rak'a completa o más, debe postrarse con el imam para la postración de omisión (*Assuŷūdul-Qabliy*), y aplaza la postración de adición (*Assuŷūdul-Ba'diy*) hasta que termine su ṣalāt. Si se postra con el Imam de forma intencional, su oración será inválida, pero si fue accidental, debe postrarse después del salām.

---

[250] Nota: Aquel que reza el Uitr en una forma par por error, se postra por el olvido y se le cuenta como Uitr.

- Si el seguidor, después de separarse de su imām, se olvida en su ṣalāt, tiene el mismo juicio que aquel que reza solo.

- Si el seguidor debe una postración de adición debido al error de su imán, y luego comete un error de omisión, debe postrarse antes del salām.

[Olvidarse de una inclinación o una postración]

- Quien olvide una inclinación y la recuerda mientras está en la postración, debe levantarse, repetir parte de la recitación y luego inclinarse y postrarse después del salām.

- Si olvida una sola postración y la recuerda después de levantarse, debe volver a sentarse y hacer esa postración, salvo que ya se haya sentado antes de levantarse, en tal caso no necesita volver a sentarse. Y si olvida las dos postraciones, se postra directamente sin necesidad de sentarse, y se postra para todo ello después del salām.

- Si se acuerda de la postración después de levantarse de la inclinación de la siguiente rak'a, debe continuar con la oración, anular esa rak'a en la que se olvidó, y agregar una nueva rak'a en su lugar, postrándose antes del salām si el error ocurrió en las primeras dos y se acordó después de vincularse en la tercera rak'a[251]. En cambio, si el error no es

---

[251] El hecho de que no se haya dado cuenta de su olvido hasta que terminó el rukū' de la tercera rak'a sitúa al orante en la siguiente situación:

- La segunda rak'a queda anulada por la omisión del pilar del suŷūd;

en las primeras dos, o se da en ellas, pero lo recuerda antes de vincularse en la tercera rak'a, se postra después del salām, ya que la sura y la sedestación no se perdieron[252].

[Dudar de la validez del ṣalāt la anula]

- Si alguien da el salām con dudas sobre la integridad de su oración, su oración será inválida.

[¿En qué ṣalāt se aplican los juicios del olvido?]

- El olvido en una oración de recuperación es tratado igual que el olvido en una oración regular.
- El olvido en una oración voluntaria se trata igual que el olvido en una oración obligatoria, salvo en seis cuestiones:

1. La recitación de la Fātiḥa
2. La recitación de las suras,
3. La recitación en voz baja
4. o alta,

- La tercera rak'a pasa a ser segunda debido a la anulación de la que era segunda;
- No darse cuenta de su error hasta terminar el rukū' significa que en esa rak'a (la cual creía que era su tercera) no recitó la sura, cuando en realidad tendría que haberla recitado dado que se convertirá en su segunda, y por esa razón la postración del olvido que realiza al final la realiza antes del salām.

[252] Si el error se da en la tercera rak'a, y el orante no se da cuenta hasta que se levanta del rukū de la cuarta, lo que ocurriría es que la rak'a que él creía como tercera pasa a ser nula, y la que él creía como cuarta pasa a ser tercera, y dado que entre la cuarta y la tercera no hay diferencia en cuanto a la recitación, no habrá omitido nada, sino que solo habrá añadido, y por lo tanto hace la postración del olvido después del salām.

5. el aumento de una rak'a,
6. o el olvido de algún pilar si se prolonga.

- Si alguien olvida la Fatiha en una oración voluntaria y se acuerda después de la inclinación, debe continuar y postrarse después del salām. Sin embargo, si olvida la Fatiha en una oración obligatoria, debe anular esa rak'a y agregar otra, siguiendo las normas previamente mencionadas. Si alguien olvida una sura o la recitación en voz baja o alta en una oración voluntaria, y lo recuerda después de la inclinación, debe continuar sin postrarse, pero en una oración obligatoria debe postrarse.

- Si alguien se levanta para la tercera rak'a en una oración voluntaria, debe retroceder si lo recuerda antes de inclinarse, y postrarse después del salām. Si la tercera rak'a es completada, debe continuar, agregar la cuarta, y postrarse antes del salām, a diferencia de lo que sucede en una oración obligatoria.

- Si alguien olvida un acto en una oración voluntaria, como la inclinación o la postración, y no lo recuerda hasta después de haber terminado y saludado, no es necesario repetir la oración. En cambio, si es en una oración obligatoria, debe ser repetida en su totalidad.

- Si alguien corta una oración voluntaria de manera intencionada o deja de hacer una rak'a o postración de manera intencionada, debe repetirla siempre.

- Si alguien suspira durante la oración, no hay problema con ello, salvo que forme letras.

[Casos de olvido entre el imām y los seguidores]

- Si el Imam se equivoca en alguna parte de la oración, añadiendo u omitiendo, los seguidores deben decir: '*subḥānallah*'.

- Si el Imam se levanta de dos rak'āt, los seguidores deben decir: '*subḥānallah*', y si se separa del suelo, deben seguirle, pero si se sienta en la primera o tercera rak'a, no deben sentarse con él.

- Si tu imam hace una postración y omite la segunda, avísale diciendo: '*subḥānallah*', pero no te levantes con él a menos que temas perderte la inclinación, entonces síguele, y no te sientes después con él, ni en la segunda ni en la cuarta. Cuando el imam dé el salām, levántate y añade otra rak'a en lugar de la rak'a que habías anulado, y te postras antes del salām. En caso de que seáis un grupo, lo ideal sería adelantar a uno de vosotros para dirigir lo que resta de la oración.

- Si el Imam hace una tercera postración, avísale diciendo '*subḥānallah*', y no te postres con él.

- Si el Imam se levanta para la quinta rak'a, los que estén seguros de que es válida deben seguirle, mientras que los que no lo están deben quedarse sentados.

- Si el Imam saluda antes de que la oración esté completa, los seguidores deben avisarle diciendo '*subḥānallah*', y si cree que están en lo cierto, debe completar su oración y postrarse después del salām.

- Si hay dudas sobre la validez de la oración, debe consultar a dos justos, y se permite conversar con ellos sobre el asunto.

- Si el imam está seguro de la completitud de su oración, sigue su certeza y deja la opinión de los dos justos, salvo que la mayoría de los seguidores confirmen el error, entonces deja su certeza y les sigue.

APÉNDICE

DESCRIPCIÓN DE LOS PASOS DEL ṢALĀT

Como ya se ha visto, la obra del imam al-Ajḍari es muy detallada en todo lo relacionado con el ṣalāt; sin embargo, carece de un apartado que facilite al lector la aplicación de dichas enseñanzas otdenadamente. Por esta razón, consideré conveniente añadir en este trabajo un *"manual del ṣalāt"*, basándome en gran parte sobre lo que redactó el gran imam, muhadiz y alfaquí de Al-Ándalus, Abu Omar Ibn Abdil-Barr (368-463 h/ 978-1071 g), quien en su bella obra "*Al-Kāfi fī Fiqhi Ahlil Madīna*" dedicó un capítulo a la descripción ordenada de los detalles del ṣalāt, de una forma fácil y práctica.

Decimos entonces:

La perfección del ṣalāt se alcanza mediante la correcta realización de la ablución y la orientación del cuerpo hacia la quibla, y la limpieza de cualquier impureza material. Luego, al comenzar, se dice "*Allāhu Akbar*" con la intención adecuada, levantando las manos a la altura de los hombros, y en el caso de las mujeres a la altura del pecho.

[El *qiyām* (estar de pie)]

- Es recomendable dejar las manos sueltas o colocar la mano derecha sobre la izquierda, todo ello es *sunna* en el ṣalāt, y las dos opiniones se recogen dentro de la escuela.

- Tras esto, se recita la Fātiḥa en caso de que uno sea imam o esté rezando en solitario, y al terminarla, se dice 'Āmīn' en voz baja, o de forma que uno se escuche a sí mismo; si se dice en voz alta, no invalida la oración.

- Existen diferencias de opinión sobre si el imām debe decir "Amīn". Sin embargo, no hay discrepancia sobre que tanto el que ora en solitario (munfarid) como el seguidor (mā'mūm) deben decirlo.

- En la oración del faŷr y en las dos primeras rak'āt de las demás oraciones, se debe recitar la fātiḥa junto con otra sura, y si es de noche, se recita en voz alta, al igual que en las oraciones del faŷr y el viernes (ŷumu'a). Sin embargo, se debe recitar en voz baja en lo que corresponde a las oraciones diurnas. Es muy importante recordar que a voz baja nos referimos como mínimo a mover la lengua.

- Las oraciones obligatorias no se deben iniciar con ningún otro tipo de dhikr aparte del 'takbīr' inicial y la recitación final, ni siquiera el *ta'awwuḏ* o la *tasmiya*.

[El rukū' (inclinación)]

- Luego, se realiza la inclinación (rukū'). Si se levantan las manos, es una práctica aceptable y respaldada por hadices auténticos, pero si se deja no habría problema.

- Al llegar a la inclinación, se venera a Allah y se alaba. No hay un límite de veces según Mālik y otros, aunque la cantidad mínima para llegar a la excelencia en la glorificación (tasbīh) es tres repeticiones[253].

- El *tasbīh* consiste en decir en el rukū' "*Subḥāna Rabbial-'Aẓīm*" y en la postración (suŷūd), "*Subḥāna Rabbial-A'lā*" y si se hace alguna otra glorificación, también es válida.

- En la inclinación es recomendable tomar las rodillas con las manos, y mantener la espalda recta, formando así un ángulo de 90 grados.

- Al levantarse de la inclinación, el orante se debe enderezar y decir "*Sami'a Allāhu liman ḥamīdah*" (Allah escucha a quien Le alaba). Algunos sostienen que no se debe decir esta frase hasta estar completamente erguido, pero la opinión más correcta es que se debe decir al levantarse.

- Si el creyente reza en solitario, agrega: "*Rabbana laka al-ḥamd*" (Nuestro Señor, a Ti sea la alabanza) o "*Rabbana wa laka al-ḥamd*" (Nuestro Señor, y a Ti sea la alabanza), siendo más adecuado agregar la "waw" (y) según la narración transmitida, y es la que eligió Mālik.

- El orante puede levantar las manos si lo desea, y puede no hacerlo.

- Si es un seguidor, no debe decir "*Sami'a Allāhu liman ḥamīdah*", sino "*Rabbana wa laka al-ḥamd*".

---

[253] Esto fue transmitido por Abu Mus'ab Azzuhri de Mālik.

[El qunūt en la oración del faŷr]

- El imām y el seguidor deben hacer el *qunūt* en la oración del Faŷr.
- El que ora en solitario puede hacerlo antes o después de la inclinación; ambas opciones son válidas, aunque la opinión más común de Malik es que el *qunūt* debe ser antes de la inclinación, y es la práctica preferida en su escuela.
- El *qunūt*, sea antes o después del *rukū'*, puede decirse con las siguientes súplicas: "*Allāhumma innā nasta'īnuka...*" (Oh Allah, te pedimos ayuda) o "*Allāhumma wa īyāka na'budu...*" (Oh Allah, solo a Ti adoramos).
- Si se recita con otras súplicas, también es válido, y se permite alzar la voz durante el *qunūt*.
- Si alguien no hace el *qunūt*, no incurre en ninguna infracción.

[El suŷūd (postración)]

- Después de esto, se baja hacia la postración (suŷūd) diciendo "*Allāhu Akbar*".
- Si al bajar toca el suelo primero con las rodillas, luego con las manos y finalmente con el rostro, sería lo recomendable; si no, el orden no es esencial.
- En la postración, se dice "*Subḥāna Rabbial-A'lā*", y si se desea hacer una súplica (du'ā'), este es el momento adecuado.
- La cantidad mínima de glorificación (tasbīh) o súplica es tres repeticiones, o su equivalente en súplica.

- No hay un límite máximo, pero si el imām se demora, debe procurar no alargar demasiado para no incomodar a los fieles.[254]

- Se realiza el *suŷūd* manteniendo la frente y la nariz pegadas al suelo, con las palmas de las manos sobre el suelo a la altura de las orejas, y los dedos extendidos hacia la quibla. Las rodillas deben estar separadas, al igual que el abdomen de los muslos, sin pegar los brazos al suelo y abriéndolos ligeramente hacia los lados. También se recomienda juntar los pies y mantener los dedos doblados hacia la quibla.

- El imām no debe dar el *takbīr* hasta estar completamente sentado sobre su pierna izquierda, con el pie derecho erguido o en posición de *tawarruk.*[255]

- Luego, dice "*Allāhu Akbar*" para la segunda postración de la misma forma que la primera.

- La postración se realiza sobre algo que sostenga firmemente el cuerpo, por lo tanto, no se permite postrarse sobre una almohada o similares, y es recomendable no poner alfombras lujosas o con diseños que distraigan del ṣalāt.

- Después, se levanta para la segunda *rak'a* de oración y repite los mismos pasos de la primera *rak'a* y su postración.

---

[254] Según algunos imames, el imām que quiera alargar el ṣalāt debe pedir el permiso de los seguidores antes de comenzar.

[255] Ya se explicó el modo exacto de esta postura.

[*Al-ŷalsatul wusṭā* (Primera sedestación)]

- Al levantarse de la postración de la segunda rak'a, se sienta como se sentó entre las dos postraciones, recita el testimonio (tashahhud), y sitúa sus dos manos sobre los muslos de modo que los dedos toquen algo de la rodilla.
- La mano izquierda se deja extendida, mientras que la mano derecha se cierran sus dedos salvo el índice y el pulgar. El pulgar se deja en su posición natural y el índice se mueve de derecha a izquierda a una velocidad media.
- Luego se levanta para las últimas dos rak'āt realizando el takbīr.
- Al levantarse, se recomienda que se apoye con sus manos, por lo tanto, su rostro sería lo primero que se separa del suelo, seguido de las rodillas y finalmente las manos.
- Cabe destacar que Mālik recomienda que el takbīr se dé una vez que se está completamente de pie.

[Tercera y/o cuarta rak'a]

- En las últimas rak'āt, se recita en voz baja, como en las oraciones diurnas, y no se debe añadir más que la Fātiḥa en cada una de ellas.
- Si se añade algo más, no invalida la oración, pero es preferible no hacerlo.

[Al-ŷalsatul Ajīra (última sedestación)]

- Después, se recita el testimonio final (tashahhud) en la última rak'a, sentándose en una postura similar a la del testimonio inicial.

- Tras el testimonio final, se puede hacer una súplica (du'ā') por lo que se desee, ya sea para asuntos mundanos o espirituales, aunque es recomendable que solo sean súplicas de temas devocionales y que no se prolonguen si el que reza es el imām.

- No hay inconveniente en hacer súplicas en cualquier postura de la oración: de pie, postrado o sentado entre las postraciones. Sin embargo, se desaconseja hacer súplicas durante la inclinación (ruku'), tal como se desaconseja leer en esa posición, pero si alguien hace una súplica durante la inclinación, no afectaría a la validez de su ṣalāt.

- Tampoco hay inconveniente en mencionar a alguien en la súplica, ya sea pidiendo por su bienestar o en su contra.

- Luego, se termina la oración con el saludo (taslīm), diciendo únicamente "*Assalāmu Alaikum*", y girando la cabeza levemente a la derecha al pronuncia la "k", tal como se explicó previamente.

Y Así concluye nuestro primer viaje en el aprendizaje de los preceptos de esta bendita escuela. Tras haber dominado esta obra, el siguiente paso es leerla y aprenderla en árabe, estudiar sus comentarios, y, después de un profundo repaso, avanzar hacia el siguiente peldaño: el célebre poema de Ibn 'Ašir, Al-Muršidul Mu'īn, y su correspondiente explicación.

Pedimos a Allah, en Su infinita misericordia, que nos conceda la gracia de ascender al último escalón, para poder adorarlo siempre con conocimiento y recta guía. Amín..

Redactado por un siervo que ruega el perdón de su Señor ﷻ
el viernes 19 de Ŷumāda al-ājir del 1446
20 de Diciembre del 2024.

"جَزَى اللهُ عَنَّا سَيِّدَنا مُحَمَّدًا ﷺ ما هُوَ أَهْلُهُ"[256]

[256] Narró Ibn 'Abbās ﷺ que el Profeta ﷺ dijo: quien diga: "Que Allāh recompense a Muhammad por nosotros como se merece" cansará a setenta ángeles durante mil mañanas". [Tabarāni "*Al-Kabir*", (11509)].

MATNUL AJḌARI (sin comentarios)

Dijo el Imam Abu Zayd, Abdurrahman ibn Muhammad Al-Ajḍari:

En el nombre de Allah, el Clemente, el Misericordioso

Alabado sea Allah, Señor de los mundos y que la bendición y la paz sean sobre nuestro Maestro Muhammad, el Sello de los Profetas y el Líder de los Mensajeros:

Lo primero que se le exige a quien alcanza la pubertad:

Corregir su creencia, luego conocer aquello con lo que adecue sus obligaciones, como los juicios de la oración, la purificación, y el ayuno.

También se le exige preservar los límites de Allah, y detenerse ante Su mandato y prohibición, y arrepentirse ante Allah ﷻ antes de que merezca Su Ira. Las condiciones de validez de la ***tawba*** (arrepentimiento y regreso a Allah) son:

1. Arrepentirse de lo que pasó.
2. Poner la intención de no volver a la infracción en lo que resta de su vida.
3. Dejarla al instante si la está cometiendo.

No le es lícito retrasar la *tawba* ni decir: "Esperaré hasta que Allah me guíe", ya que esto es una de las señales de la perdición, la decepción y el velo del discernimiento.

Y debe preservar su lengua de las obscenidades, lo reprobable, del lenguaje grosero, y de jurar por el divorcio y menospreciar al musulmán, humillarle, insultarle, y asustarle salvo que sea por derecho jurídico.

Y debe guardar su vista de mirar lo prohibido, y no le es lícito mirar al musulmán con una mirada que le dañe, salvo que sea un desviado, entonces debe cortar la relación con él.

Y debe preservar todas sus extremidades, lo máximo que pueda, además de amar por Allah, y odiar por Él, complacerse por Él, y enfadarse por Él, y ordenar lo reconocido y rechazar lo reprobable.

Y le es prohibido la mentira, el chismorreo, la creación de discordia, la arrogancia, la jactancia la ostentación "*riyā*", la *sum'a*, la envidia, el odio, el creerse mejor que los demás, la difamación, el desprecio, perder el tiempo en lo que no tiene beneficio, la burla, la fornicación. También se prohíbe mirar a una mujer *aŷnabiyya*, y conversar con ella con deseo, y consumir las propiedades de las personas sin su consentimiento, y recibir dinero a cambio de una intercesión o por el Dīn, y retrasar la oración de su tiempo.

Y no le es lícito acompañar a un desviado ni sentarse con él para algo que no sea necesario. Tampoco debe buscar la complacencia de las criaturas ofendiendo al Creador, dice Allah alabado y enaltecido: "Allah y Su Mensajero son más dignos de que les complazcan, si son creyentes" [At-Tawba: 62] y dijo el Profeta ﷺ: "No se obedece a una criatura en la desobediencia del Creador".

Y no le es lícito realizar una acción hasta saber el juicio de Allah sobre ella y preguntar a los sabios y seguir a los seguidores de la Sunna de Muhammad ﷺ, los que guían a la obediencia de Allah, y advierten de seguir al diablo.

Y no debe aceptar para sí mismo lo que aceptaron los perdedores, aquellos que han malgastado sus años en lo que no es la obediencia a Allah, el Altísimo. Qué arrepentimiento tendrán y cuán duradero será su llanto el día de la Resurrección. Pedimos a Allah que nos ayude a seguir la Sunna de nuestro Profeta, Intercesor y Maestro, Muhammad ﷺ.

* * * * *

SECCIÓN SOBRE LA PURIFICACIÓN

La purificación es de dos tipos:

1. Purificación de una impureza ritual "*ḥadaṯ*".
2. Purificación de una impureza material "*Jabaṯ*".

Ninguna de las dos se puede realizar, excepto con agua **pura y purificadora**, es decir, aquella que no haya sufrido alteraciones en su color, sabor u olor debido a la interacción con sustancias que normalmente no están mezcladas con ella, como el aceite, la manteca, la grasa, el jabón, la suciedad, entre otros.

No hay inconveniente si el agua se mezcla con tierra, barro, salitre, adobe u otras sustancias similares.

SECCIÓN

Si se sabe dónde está la impureza, se debe limpiar la parte afectada, si no, se limpia la prenda entera.

Si hay duda sobre la posible presencia de una impureza, se salpica agua con la mano sobre dicha parte.

Si se ve algo sobre el que se duda si es o no una impureza, no se tiene que salpicar.

Si durante el rezo una persona se da cuenta de la impureza, debe interrumpir la oración, a menos que tema que se le pase el tiempo de la misma.

En el caso de que alguien rece sin darse cuenta de que tiene una impureza y, después de la oración, se da cuenta, repite su ṣalāt dentro del tiempo elegido.

* * * * *

LA ABLUCIÓN

SECCIÓN

Pilares de la Ablución

Las obligaciones de la ablución "*wuḍū*" son siete:

1. La intención
2. Lavar la cara
3. Lavar las manos hasta los codos
4. Pasar la mano húmeda sobre la cabeza
5. Lavar los pies hasta los tobillos
6. Frotar con las manos
7. Mantener la continuidad

❋ ❋ ❋ ❋ ❋

SECCIÓN

Sunnas de la Ablución

Y sus sunnas son:

1. Lavar las manos hasta las muñecas al empezar
2. Enjuagarse
3. Inspirar y espirar agua por la nariz
4. Volver pasando la mano sobre la cabeza
5. Limpiar las orejas y la renovación del agua para ellas.
6. Seguir el orden entre las obligaciones.

Quien olvida limpiar una parte obligatoria, si se da cuenta pronto, debe repetir esa parte y las que vengan después. Si se da cuenta tarde, solo debe repetir esa parte y los rezos que haya realizado previamente.

Si olvida una sunna, la realiza al recordarla, pero no es necesario repetir los rezos. Si olvida una parte de un miembro (de lavado obligatorio), debe limpiarla sola con la intención, y si había rezado, debe repetir los rezos realizados. En caso de que se acuerde de realizar el enjuague y limpiar la nariz después de haber terminado de limpiar la cara, no debe volver a esa parte hasta que haya terminado toda la ablución.

SECCIÓN

Actos Recomendables en la Ablución

Y sus actos recomendables son:

1. La *tasmiya*
2. Uso del *siwāk*
3. Lavar más de una vez la cara y las manos
4. Empezar por la frente de la cabeza
5. Ordenar las sunnas
6. Controlar el uso de agua.
7. Realizar primero las partes derechas antes que las izquierdas.
8. Es obligatorio limpiar bien entre los dedos de las manos y es recomendable entre los de los pies.
9. Es obligatorio introducir el agua por debajo de la barba no abundante, pero no es necesario hacerlo en una barba abundante. Sin embargo, en el caso de realizar la ablución mayor, es obligatorio hacerlo, aunque la barba sea abundante.

❋ ❋ ❋ ❋ ❋

SECCIÓN

Aquello que anula la ablución

Aquello que anula la ablución es de dos tipos: ***Aḥdāṯ*** y **causas:**

Los *Aḥdāṯ* son:

1. Orinar
2. Defecar
3. Expulsar gases,
4. Líquido pre-seminal (maḏi), o
5. Wadi

Y las causas son:

1. El sueño profundo
2. Desmayo
3. Embriaguez
4. la locura
5. Besar a una mujer
6. Tocar a una mujer si se busca el placer o se encuentra
7. Tocar el miembro viril con la palma de la mano o con el interior de los dedos.
8. Quien dude sobre su estado de ablución debe realizarla, a menos que sea una persona susceptible a las dudas o que sufra de susurros del Šayṭān; en ese caso, no le afecta la duda. Por otro lado, se debe lavar

completamente el miembro viril de los restos de maḏi, pero no se lava el escroto. El maḏi es el líquido que sale durante el placer menor, como consecuencia de pensamientos, miradas u otros estímulos.

* * * * *

SECCIÓN

[Aquello que está prohibido en estado de *ḥadaṯ*]

Y no le es lícito a aquel que no esté en estado de ablución:

1. Realizar el ṣalāt.
2. Realizar *ṭawāf* (circunvalación alrededor de la ka'ba)
3. Tocar una copia del Sagrado Corán, o su tapa, sea con la mano, o con un palo o algo similar. Solo se puede tocar una parte del Corán para quien lo esté aprendiendo. Tampoco se puede tocar una tabla del Sagrado Corán sin ablución, salvo para quien lo esté aprendiendo o el profesor que lo corrige. El niño, al igual que el adulto, debe seguir las mismas reglas al tocar el Corán, y la responsabilidad por el error recae sobre quien se lo da. Quien reza sin ablución, sabiendo de ello, es considerado no creyente. Pedimos la protección de Allah.

BAÑO RITUAL MAYOR (*GUSL*)

SECCIÓN

[Aquello que obliga a realizar el *gusl*]

Es obligatorio realizar el baño ritual mayor de tres cosas: impureza ritual mayor (*ŷanāba*), menstruación, y sangrado postparto.

La *ŷanāba* se divide en dos categorías:

- La primera ocurre a raíz de una eyaculación con placer común, ya sea durmiendo o en vigilia, por relaciones sexuales u otros medios.
- La segunda es la penetración del glande en la vagina. Y quien ve en sus sueños que está manteniendo relaciones sexuales y no eyacula, no tiene que hacer nada.

Quien encuentra semen seco en su vestimenta y no sabe cuándo se expulsó, debe realizar la ablución mayor y repetir los rezos que haya realizado desde la última vez que durmió con esa vestimenta.

❋ ❋ ❋ ❋ ❋

SECCIÓN

Pilares del Gusl

Las obligaciones del baño ritual mayor son:

1. La intención al empezar
2. Mantener la continuidad
3. Frotar
4. Lavar todas las partes del cuerpo.

SECCIÓN

Sunnas del Gusl

Y sus sunnas son:

1. Lavar las manos hasta la muñeca como en la ablución.
2. Enjuagarse
3. Aspirar y expirar agua por la nariz
4. Lavar el interior de las orejas, y en cuanto a los lóbulos inferiores de las orejas, es obligatorio lavar la parte delantera y trasera de ellos.

* * * * *

SECCIÓN

Actos Recomendables del Gusl

Y sus actos recomendables son:

1. La *tasmiya*
2. Empezar lavando la impureza, y después el miembro, poniendo la intención en ese momento.
3. Después, lavar las partes de la ablución una a una,
4. Después, lavar la parte alta del cuerpo
5. Mojar la cabeza tres veces
6. Empezar por la parte derecha del cuerpo
7. Reducir el agua sobre las partes lavadas.

Y quien olvida una pequeña parte o un miembro de su lavado, rápidamente lo lava al acordarse, aunque haya pasado un mes, y repite lo que haya rezado antes. Si retrasa (su lavado) después de acordarse, no vale su baño ritual mayor y debe repetirlo completamente. Sin embargo, si esa parte forma parte de los miembros de la ablución, y le coincide el lavado de la ablución, le es suficiente.

SECCIÓN

[Aquello que se prohíbe hacer con ŷanāba]

No le es lícito a una persona en estado de impureza ritual mayor:

1. Entrar a la mezquita
2. Recitar el Corán, salvo una aleya o un poco más, de aquellas aleyas que se recitan para buscar refugio en Allah.

○ No le es permitido a aquel que no aguanta el agua fría, mantener relaciones sexuales con su mujer hasta tener preparado aquello con lo que calentar el agua, salvo que haya tenido una polución nocturna, entonces no habría problema.

SECCIÓN

La Ablución Seca (Tayammum)

Realiza el tayammum el viajero que no viaja en pecado y el enfermo, para una oración obligatoria o voluntaria. También realiza el tayammum quien se encuentra en su hogar y goza de salud para la oración obligatoria, si teme que se le pase el tiempo. Un residente sano no realiza el tayammum para una oración voluntaria, la oración del viernes o la oración fúnebre, salvo que sea el único presente para realizar el rezo.

❋ ❋ ❋ ❋ ❋

SECCIÓN

Pilares del tayammum

Las obligaciones del tayammum son:

1. La intención
2. Emplear tierra pura
3. Limpiar la cara
4. Limpiar las manos hasta la muñeca,
5. El primer golpe al suelo
6. Mantener la continuidad
7. La entrada del tiempo del rezo
8. Realizar el rezo justo después del tayammum.

La tierra pura, incluye la arena, el adobe, la piedra, la nieve, el asfalto y similares. Y no se puede hacer con yeso cocido, estera, madera, césped, y similares. Y se le permite al enfermo realizarlo a través de una pared de piedra, y adobe, si no hay quien le facilite los otros materiales.

❊ ❊ ❊ ❊ ❊

SECCIÓN

Sunnas y recomendaciones del tayammum

Y sus sunnas son:

1. Renovar la tierra para las manos
2. Limpiar por encima de la muñeca hasta el codo.
3. Seguir el orden establecido.

Y sus actos recomendables son:

1. la *tasmiya*
2. Anteponer la mano derecha a la izquierda
3. Anteponer el exterior del brazo al interior, y su principio (los dedos) a su final (codo).

❋ ❋ ❋ ❋ ❋

SECCIÓN

Aquello que invalida el tayammum

Invalida el tayammum todo aquello que invalida la ablución normal.

○ No se pueden rezar dos oraciones obligatorias con un único tayammum.

○ Quien realiza el tayammum para una oración obligatoria, le es permisible rezar después una voluntaria, tocar el Corán, circunvalar la Ka'ba, y recitar el Corán si:

I. Puso la intención de ello,
II. Los hace seguidamente después del rezo,
III. Los realiza sin que haya salido el tiempo del ṣalāt.

○ Es permisible con el tayammum de la voluntaria todo lo mencionado, salvo realizar la oración obligatoria.

○ Quien reza el Išā' con tayammum, debe realizar el shaf' y el Uitr seguidamente después, sin retrasarla.

○ Quien realice el tayammum debido a una **ŷānāba**, debe tener la intención de hacerlo para ello.

* * * * *

SECCIÓN

LA MENSTRUACIÓN

Las mujeres menstruantes son de tres categorías:

1. Novicia
2. Acostumbrada
3. Embarazada.

El periodo máximo para la mujer novicia es de 15 días, mientras que para la mujer acostumbrada, su ciclo habitual es el que se considera. Sin embargo, si el sangrado se prolonga más allá de su costumbre, tendrá que añadir tres días adicionales, siempre que no supere los 15 días.

En el caso de la mujer embarazada, después de tres meses, se considerarán 15 días o un poco más; después de seis meses, se contabilizarán unos 20 o un poco más.

Si el sangrado se detiene antes de estos plazos, se debe contar los días hasta completar su costumbre.

[Prohibiciones durante la menstruación]

Es importante destacar que no es lícito para una mujer que está menstruando:

1. Realizar la oración
2. Ayunar
3. Realizar el *tawāf*

4. Tocar el Corán
5. Entrar en una mezquita.
6. Mantener relaciones sexuales con su marido, así como cualquier contacto íntimo con lo que se encuentra entre su ombligo y sus rodillas, hasta que realice el baño ritual mayor.

- La mujer menstruante debe recuperar el ayuno, pero no las oraciones.
- Su lectura del Corán es permisible.

❋ ❋ ❋ ❋ ❋

SECCIÓN

SANGRADO POSTPARTO

El sangrado postparto, conocido como *nifās*, se considera similar a la menstruación en cuanto a las prohibiciones.

Su duración máxima es de 60 días. Si el sangrado cesa antes de este plazo, incluso el mismo día del parto, la mujer debe realizar la ablución mayor y rezar. En caso de que la sangre regrese, si han transcurrido 15 días o más desde el cese, el segundo sangrado se considera como menstruación. Si no ha pasado este tiempo, se considera parte del *nifās* y se cuenta como un único período.

EL ṢALĀT

SECCIÓN

LOS TIEMPOS DEL ṢALĀT

El **tiempo elegido** para:

- El **ẓuhr** comienza cuando el sol pasa su cenit y continúa hasta que la sombra de un objeto alcanza su misma longitud.
- El **'asr** inicia cuando la sombra de un objeto es igual a su altura y se extiende hasta la puesta del sol. El **tiempo urgente** para ambos rezos se extiende hasta el ocaso.
- El **magrib** es el tiempo justo para rezar, una vez que se han cumplido sus requerimientos.
- El **'išā** comienza con la desaparición del crepúsculo y se extiende hasta el primer tercio de la noche. El **tiempo urgente** para ambos rezos dura hasta la salida del alba.
- El **ṣubḥ** inicia con el alba y continúa hasta la primera iluminación del cielo. El **tiempo urgente** para este rezo es hasta la salida del sol.

Una vez que se hayan superado los tiempos indicados, la oración realizada se considera una oración de recuperación.

Quien retrase la oración hasta que haya pasado su tiempo, habrá cometido un grave pecado, salvo si lo hizo por olvido o por haber estado dormido.

[Tiempos de detestabilidad]

No se debe rezar una oración voluntaria después de:

1. Realizar la oración del ṣubḥ hasta que se eleve el sol.
2. Ni después de la oración del 'asr hasta la oración del magrib.
3. Ni después de la entrada del alba, excepto el wird para quien se haya dormido.
4. Tampoco se debe rezar después de que el imam se siente en el mimbar para el **jutba** del viernes
5. Ni después de la oración del viernes hasta que se haya salido de la mezquita.

❋ ❋ ❋ ❋ ❋

SECCIÓN

CONDICIONES DEL ṢALĀT

Las condiciones de la oración son:

1. Tener la pureza ritual
2. Mantenerse libre de impurezas materiales ya sea en el cuerpo, la ropa o el lugar.
3. Tapar la *'awra*
4. Dirigirse hacia la quibla,
5. No hablar,
6. No excederse en los movimientos.

[Cuestiones relacionadas con los pilares]

1. La *'awra* del hombre es lo que hay entre el ombligo hasta la rodilla, y todo el cuerpo de la mujer es *'awra*, salvo la cara y las manos.

2. Se detesta la oración con *sarāwīl*, salvo que haya encima de ellos algo.

3. Quien se haya ensuciado la vestimenta con una impureza y no encuentre una vestimenta limpia, ni agua para lavarla, o no tenga lo necesario para cubrirse hasta poder lavarla y teme que se agote el tiempo de la oración, deberá rezar con la vestimenta impura. No es lícito retrasar la oración por la falta de pureza material, y quien lo haga habrá desobedecido a su Señor.

4. Quien no encuentre algo con lo que oculte su *'awra*, reza desnudo.

5. Quien se equivoque al orientarse hacia la quibla, debe repetir la oración dentro del tiempo correspondiente.

6. Toda repetición dentro del tiempo es un acto aprobado.

7. Aquello tras lo cual se repite la oración dentro del tiempo, no se repite por ello, ni las oraciones perdidas ni las voluntarias.

SECCIÓN

PILARES DEL ṢALĀT

Las obligaciones de la oración son:

1. Poner la intención específica del rezo
2. El *takbīr* de la consagración
3. Estar de pie para ella
4. Recitar la Fātiḥa
5. Estar de pie para ella
6. Realizar la inclinación "*rukū*"
7. Levantarse de ella
8. La prosternación sobre la frente
9. Levantarse de ella
10. Mantenerse recto
11. Estar tranquilo
12. Mantener el orden entre los pilares
13. Dar el *salām*
14. Estar sentado para el *salām*.

○ El requisito de la intención es realizarla al mismo tiempo que el *takbīr* de la consagración.

❋ ❋ ❋ ❋ ❋

SECCIÓN

SUNNAS DEL ṢALĀT

Y sus sunnas son:

1. Dar la *iqāma*
2. Recitar una sura después de la fātiḥa,
3. Levantarse para ella,
4. Recitar en voz baja en lo que corresponda
5. y en voz alta en lo que corresponda,
6. Decir: "*Sami'allāhu liman ḥamidah*"
7. Cada "*takbīr*" es sunna salvo el primero.
8. Realizar los dos *tashahhud*
9. Estar sentado para ellos
10. Adelantar la *fātiha* a la sura,
11. Dar el segundo salām,
12. y el tercero para el seguidor.
13. Elevar la voz para el salām obligatorio
14. Enviar saludos y bendiciones al Mensajero de Allah *-que la paz y las bendiciones de Allah sean con él y su familia-*
15. Prosternarse sobre la nariz, las dos palmas, las rodillas, y los dedos del pie,
16. Situar una sutra delante de quien no sigue a un imām. Su tamaño mínimo es el grosor de una lanza y la longitud de un antebrazo, y debe ser pura y firme, de manera que no distraiga.

SECCIÓN

ACTOS RECOMENDABLES

Sus actos recomendables son:

1. Levantar las dos manos durante la consagración hasta que lleguen a la altura de las orejas.
2. Decir "*rabbanā wa lakal ḥamd*" (Oh nuestro Señor, a Ti pertenece la alabanza), para el seguidor y el que reza solo,
3. Decir '*Āmīn*' después de la Fātiḥa para quien reza solo o es seguidor, y no la dice el imām salvo en la lectura de voz baja.
4. Decir el *tasbīḥ* en el rukū'
5. Suplicar en la prosternación,
6. Alargar la recitación en el ṣubḥ, y el ẓuhr le sigue,
7. Y acortarla en el 'aṣr y el magrib,
8. Y mantener una duración media para el 'išā,
9. Recitar en la primera rak'a una sura que vaya antes que la segunda que se vaya a recitar.
10. Y más larga que ella,
11. Cuidar la posición conocida en el *rukū'*,
12. el *suŷūd*,
13. y en la sedestación,

14. Realizar el *qunūt* en voz baja antes de la inclinación "*rukū*'" y después de recitar la sura en la segunda *rak'a* del ṣubḥ, y está permitido realizarlo después de la inclinación.
15. Hacer *du'ā* después del segundo *tashahhud*,
16. Alargar el segundo *tashahhud* más que el primero,
17. Girar ligeramente a la derecha en el *salām*,
18. Mover el índice durante el *tashahhud*.

SECCIÓN

ACTOS QUE SE DETESTAN

Es detestable:

8. Girar el cuello durante la oración
9. Cerrar los ojos
10. Pronunciar la *basmala* y el *ta'awwuḏ* en el ṣalāt obligatorio. En cambio, en el rezo supererogatorio está permitido.
11. Sostenerse sobre solo un pie, salvo que se alargue el *qiyām*.
12. Juntar las piernas
13. Poner una moneda u otra cosa en la boca, así como todo aquello que le distraiga o le moleste en su bolsillo, su manga o en su espalda.
14. Pensar en cosas mundanas y todo aquello que le distraiga de concentrarse en el rezo.

SECCIÓN

El ṣalāt tiene una luz inmensa que ilumina los corazones de los creyentes, pero solo lo alcanzan aquellos que se centran en ella. Por tanto, cuando te dispongas a rezar, vacía tu corazón de todo lo que pertenece al mundo y sus distracciones, y enfócate únicamente en la vigilancia de tu Señor, al que adoras buscando Su rostro. Piensa que la oración es un acto de temor y humildad hacia Allah ﷻ en cada levantamiento, reverencia y prosternación, en cada glorificación. Es un acto de veneración en cada takbīr, tasbīḥ y ḏikr. Así, guarda tu oración, pues es la más sublime de las formas de adoración. No permitas que el diablo juegue con tu corazón ni te distraiga de tu rezo, no dejes que tu corazón muera y te prive del placer de las iluminaciones que trae consigo la oración. Te corresponde ser constante en el temor durante ella, ya que es a través de ese temor que se consigue la protección de la abominación y el pecado. Por tanto, pide ayuda a Allah, el Mejor de los Auxiliadores.

SECCIÓN

[Posturas en las que se realiza el ṣalāt]

La oración obligatoria tiene siete posturas ordenadas en las que debe realizarse. Cuatro de ellas son obligatorias, y tres son recomendadas:

- La primera postura es estar de pie sin apoyo;
- La segunda es estar de pie con apoyo;
- La tercera es sentarse sin apoyo;
- La cuarta es sentarse con apoyo.

El orden entre estas cuatro posturas es obligatorio, y si una persona puede realizar una de ellas, pero decide hacerla en una postura inferior, su oración será inválida.

Las tres posturas recomendadas son: que la persona incapaz de realizar las posturas mencionadas rece recostado sobre su lado derecho, luego sobre el izquierdo, y finalmente sobre su espalda. Si cambia el orden de estas tres posturas, su oración no se invalida.

El apoyo que invalida la oración de quien es capaz de prescindir de él, es aquel que, al caerse, cae el orante. Si la ausencia de apoyo no hace caer al orante, entonces se considera detestable, pero no invalida la oración.

En cuanto a las oraciones voluntarias (nafl), está permitido que la persona que pueda mantenerse de pie rece sentada, y entonces recibe la mitad de la recompensa de quien la realiza de pie. También es válido comenzar la oración sentándose y luego ponerse de pie, o empezar de pie y sentarse después. Sin embargo, si alguien comienza la oración con la intención de permanecer de pie durante ella, no se permite que se siente después.

* * * * *

SECCIÓN

[Recuperación de oraciones perdidas]

Es obligatorio cumplir con las oraciones pendientes (qadā') y no está permitido descuidarlas. Quien recupera cada día las oraciones de cinco días no se considera negligente en este aspecto.

Debe realizar el qadā' de las oraciones perdidas de la misma forma en que fueron perdidas: si la oración era en estado de residencia (ḥaḍar), debe rezarla como tal, y si era en viaje (safar), debe rezarla como la rezaría en el viaje, independientemente de si está en estado de residencia o en viaje en el momento de realizar el qadā'.

[Seguir el orden en la recuperación de las oraciones]

- Es obligatorio cuidar el orden entre dos oraciones presentes.
- También es obligatorio entre **pocas oraciones**

perdidas, y la presente, cuando se recuerdan.

- Las oraciones que se consideran pocas son al menos cuatro oraciones.
- Si alguien tiene que recuperar cuatro oraciones o menos, debe rezarlas antes de la oración presente, aunque expire su tiempo.
  - El qaḍā' puede realizarse en cualquier momento.

[Ocuparse con oraciones voluntarias]

Quien tiene oraciones pendientes no debe realizar oraciones voluntarias (nafl), ni la oración del Ḍuḥā, ni el Qiyām de Ramaḍān (oraciones nocturnas del Ramadán), y no se le permite hacer, excepto la oración del Shafʿ y el Witr, la sunna del Fajr, la oración de los dos Eid (Fiesta del Sacrificio y Fiesta del Ramadán), la oración de eclipse (kusūf) y la oración de la lluvia (istisqā').

También es permisible que quien tiene oraciones pendientes ore en congregación si sus oraciones están igualadas en cuanto a la forma.

Y si alguien olvida cuántas oraciones pendientes tiene, debe rezar un número de oraciones que no le deje ninguna duda.

SECCIÓN

LA POSTRACIÓN DEL OLVIDO

[Tipos de postración de olvido]

La postración del olvido (*suŷūdus-sahw*) en la oración es una *sunna.*

1. Para corregir la omisión: se realizan dos postraciones **antes de la salutación final**, después de completar los dos *tashahhud*, añadiendo otro *tashahhud* después de estas dos postraciones.

2. En caso de una adición o aumento se realizan dos postraciones **después de la salutación final**, seguidas de un *tashahhud* y otra salutación.

3. Si alguien **omite y añade algo** en la misma oración debe realizar la postración **antes de la salutación**.

[Aquel que olvida la postración del olvido]

- Si olvida la postración de omisión (*suŷūdul-qabliy*), debe realizarla si la recuerda dentro de poco tiempo, pero si se ha prolongado mucho o ha salido del lugar de oración, la postración será inválida y con ella la oración, si se ha olvidado tres o más *sunnas*; si es menos, la oración no se invalida.

- Si alguien olvida la postración posterior (*suŷūdul-ba'diy*), la realiza incluso si ha pasado un año desde que ocurrió el olvido.

- Si alguien omite un acto obligatorio de la oración (*farīḍa*), el *suŷūd* no lo compensa.

- Tampoco se hace *suŷūd* por la omisión de los actos recomendables voluntarios (*faḏīla*).

- La postración por omisión se realiza solo por la omisión de dos o más *sunnas* en la oración, salvo cuando se omite la sunna de recitar en voz baja o alta. Así, si alguien recita en voz baja mientras debería recitar en voz alta, debe hacer la postración antes de la salutación final. Si recita en voz alta lo que debería haber recitado en voz baja, debe hacer la postración después de la salutación final.

- Si alguien habla accidentalmente durante la oración, debe hacer la postración después de la salutación.

- Quien realiza el *salām*, después de dos *rak'āt*, por olvido, se postra después de la salutación.

- Lo mismo ocurre si alguien comete un error y realiza una o dos *rak'āt* de más, la postración se hace después de la salutación final.

- Si alguien añade lo equivalente a una oración completa, su oración será inválida.

- Si alguien duda sobre la completitud de su oración, debe realizar lo que duda que falta. La duda sobre la omisión de algún acto se trata como si efectivamente hubiera ocurrido la omisión.Por lo tanto, si alguien duda sobre una rak'a o una postración, debe realizarla y hacer la postración después de la salutación final.

- Si duda de haber realizado el salām o no, debe realizarlo si no ha pasado mucho tiempo, sin necesidad de postración. Si la duda persiste por un largo tiempo, la oración será inválida.

- El que es propenso a la duda (el *waswās*), debe dejar de lado las dudas de su corazón y no debe realizar lo que duda sobre ello. Sin embargo, debe hacer la postración después de la salutación, ya sea por duda en adiciones u omisiones.

- Si alguien realiza el *qunūt* en voz alta, no se requiere postración por ello, aunque se considera desaprobado que lo haga intencionalmente.

- Si alguien añade una sura en las dos últimas rak'as, no es necesario hacer postración.

- El que escuche el nombre de Muhammad (que la paz y las bendiciones de Allah sean con él) durante la oración y lo salude, no incurre en falta, ya sea que lo haga por olvido o conscientemente, estando de pie o sentado.

- Leer dos suras o más en una sola rak'a, cambiar de una sura a otra, o inclinarse antes de terminar la sura, no hay problema en todo esto.

- El que haga una señal con la mano o la cabeza durante la oración no tiene que compensar nada.

- Si alguien repite la sura Al-Fātiḥa por olvido, deberá hacer la postración **después de la salutación**. Si lo hace intencionalmente, su oración será inválida.

- Si alguien recuerda que ha olvidado la sura después de haberse inclinado hacia el *rukū'*, no debe volver a recitarla.

- Si recuerda que debía recitar en voz baja (*sirr*) o en voz alta (*ŷahr*) antes de inclinarse, debe corregirlo antes del *rukū'*. Si únicamente tuvo el error en la sura, la repite y no tiene que postrarse, sin embargo, si es en Al-Fātiḥa, debe repetirla y hacer la postración después de la salutación.

- Si no se percata hasta entrar en el *rukū'*, debe postrarse **antes de la salutación** en caso de haber recitado en voz baja cuando correspondía hacerlo en voz alta, y **después de la salutación**, en caso de haber recitado en voz alta cuando correspondía hacerlo en voz baja.

- El que se ría durante la oración, ya sea por olvido o intencionalmente, invalida su oración. Solo el que está distraído o juega lo hace, lo cual es inapropiado. Cuando un creyente se dispone a orar, su corazón debe alejarse de todo lo que no sea Allah, y centrarse únicamente en Su grandeza y majestad. Este es el tipo de oración de los piadosos.

- No hay problema si alguien sonríe levemente.

- El llanto de quien está viviendo los significados y concentrándose en la oración es aceptado.

- Si alguien, durante la oración, escucha **brevemente** a otra persona hablando, no debe nada.

- Si alguien se levanta de las dos rak'ât antes de sentarse, y se acuerda y regresa a sentarse antes de haber levantado las manos y las rodillas, puede volver a la sedestación sin necesidad de postrarse al final. En cambio, si se levanta completamente, no debe regresar, y deberá hacer la postración antes del salām.

- Si regresa después de haberse puesto de pie, ya sea por olvido o intencionadamente, su ṣalāt será válida, pero deberá postrarse después del salām.

- Si alguien sopla en su oración por olvido, debe hacer la postración después del salām. Si lo hace intencionalmente, su oración se invalida.

- Si alguien estornuda durante la oración, no debe interrumpirla diciendo *al-ḥamdulillāh* ni responder a quien le diga *yarḥamukallāh* (que Allah te dé misericordia). Sin embargo, aunque diga *al-ḥamdulillā*, no necesita compensarlo.

- Si alguien bosteza durante la oración, debe taparse la boca sin emitir ningún sonido o palabra.

- Solo puede escupir dentro de su ropa sin pronunciar palabras.

- Si alguien duda sobre su pureza o sobre la presencia de impurezas durante la oración, si después de pensar un poco está seguro de su pureza, no tiene que compensar nada.

- Si alguien mira hacia los lados durante la oración por olvido, no se le exige nada. Si lo hace intencionalmente, es desaprobado.

- Dar la espalda y desviarse de la *qibla* (la dirección de oración) invalida la oración.

- Si alguien viste seda, oro o roba durante la oración, o mira algo prohibido, comete un pecado, pero su oración sigue siendo válida.

- Si alguien comete un error en la lectura con una palabra que no es parte del Corán, debe hacer la postración después de la salutación. Si es una palabra del Corán que no cambia el significado, no se necesita postración, a menos que el error cambie el significado, en cuyo caso debe postrarse después del salām.

- Si alguien se duerme ligeramente durante la oración, no incurre en falta. Sin embargo, si se duerme profundamente, debe repetir la oración y la ablución.

- El suspiro del enfermo es perdonable, así como la tos por necesidad, pero no se permite para la llamar la atención, aunque no invalida la oración.

- Si alguien lo llama, y él responde diciendo "*Subhana Allah*", está prohibido, pero su oración sigue siendo válida.

- Si alguien se detiene en la recitación y no le recuerdan (la siguiente parte del Corán), debe omitir ese verso y continuar con el siguiente; si no puede, debe hacer la inclinación (rukū').

- No debe mirar un muṣḥaf a menos que sea para poder recitar la Fātiḥa, la cual debe completarse, ya sea de un libro o de memoria.

- Si omite un verso de la Fātiḥa, debe hacer una postración antes de saludar al final de la oración, y si omite más de un verso, su oración queda inválida.

- Si alguien sigue la oración de un imam, y corrige a otro imam, su oración queda anulada.

- No debe corregir al imam en su recitación a menos que el imam esté esperando la apertura o se haya corrompido el significado.

- Si su mente divaga brevemente por pensamientos mundanos, su recompensa se verá disminuida, pero su oración no queda anulada.

- Si alguien empuja a una persona que pasa delante de él, o se postra sobre un lado de su frente, o se postra sobre una capa o dos de su turbante, no hay nada de malo en ello.

- Tampoco afectan las náuseas o el vómito a la validez de la oración.

- El olvido del seguidor lo asume el Imam, a menos que sea por la omisión de un pilar.

- Si el seguidor olvida el rukū', se adormece o se ve bloqueado para inclinarse durante la oración, si aún tiene esperanza de alcanzar al Imam antes de que se levante de la segunda postración, entonces debe inclinarse y seguirlo.

Si no tiene esperanza de alcanzarlo, debe omitir la inclinación y seguir al Imam, luego recuperar la rak'a como corresponde, después de que el Imam haya saludado al final de la oración.

- Si el seguidor se olvida la postración o es bloqueado o se adormece hasta que el Imam se levanta para la siguiente rak'a, debe postrarse si tiene esperanza de alcanzar al Imam antes de la inclinación, o de lo contrario, la omite, sigue al Imam y completa la oración. Si recupera la rak'a, no se requiere que se postre, salvo que tenga dudas sobre su inclinación o postración.

- Si una serpiente o escorpión aparece y el orante la mata, no hay problema con ello, salvo que la acción se prolongue mucho o si se gira de espaldas a la quibla, lo cual corta la oración.

- Si alguien duda si está orando el Uitr o la segunda del Shaf', debe considerarla como la segunda del Shaf' y postrarse después de dar el salām.

- Si alguien habla accidentalmente entre el Shaf' y el Uitr, no hay problema, pero si lo hace intencionalmente, está desaconsejado, aunque su oración sigue siendo válida.

- Si alguien llega tarde a la oración y alcanza menos de una rak'a completa con el Imam, no debe postrarse con él ni antes ni después. Si lo hace, su oración será anulada.

- Si alcanza una rak'a completa o más, debe postrarse con el imam para la postración de omisión (*Assuŷūdul-Qabliy*), y aplaza la postración de adición (*Assuŷūdul-Ba'diy*) hasta que termine su ṣalāt. Si se postra con el

Imam de forma intencional, su oración será inválida, pero si fue accidental, debe postrarse después del salām.

- Si el seguidor, después de separarse de su imām, se olvida en su ṣalāt, tiene el mismo juicio que aquel que reza solo.

- Si el seguidor debe una postración de adición debido al error de su imán, y luego comete un error de omisión, debe postrarse antes del salām.

- Quien olvide una inclinación y la recuerda mientras está en la postración, debe levantarse, repetir parte de la recitación y luego inclinarse y postrarse después del salām.

- Si olvida una sola postración y la recuerda después de levantarse, debe volver a sentarse y hacer esa postración, salvo que ya se haya sentado antes de levantarse, en tal caso no necesita volver a sentarse. Y si olvida las dos postraciones, se postra directamente sin necesidad de sentarse, y se postra para todo ello después del salām.

- Si se acuerda de la postración después de levantarse de la inclinación de la siguiente rak'a, debe continuar con la oración, anular esa rak'a en la que se olvidó, y agregar una nueva rak'a en su lugar, postrándose antes del salām si el error ocurrió en las primeras dos y se acordó después de vincularse en la tercera rak'a. En cambio, si el error no es en las primeras dos, o se da en ellas, pero lo recuerda antes de vincularse en la tercera rak'a, se postra después del salām, ya que la sura y la sedestación no se perdieron.

- Si alguien da el salām con dudas sobre la integridad

de su oración, su oración será inválida.

- El olvido en una oración de recuperación es tratado igual que el olvido en una oración regular.

- El olvido en una oración voluntaria se trata igual que el olvido en una oración obligatoria, salvo en seis cuestiones:

1. La recitación de la Fātiḥa
2. La recitación de las suras,
3. La recitación en voz baja
4. o alta,
5. el aumento de una rak'a,
6. o el olvido de algún pilar si se prolonga.

- Si alguien olvida la Fatiha en una oración voluntaria y se acuerda después de la inclinación, debe continuar y postrarse después del salām. Sin embargo, si olvida la Fatiha en una oración obligatoria, debe anular esa rak'a y agregar otra, siguiendo las normas previamente mencionadas. Si alguien olvida una sura o la recitación en voz baja o alta en una oración voluntaria, y lo recuerda después de la inclinación, debe continuar sin postrarse, pero en una oración obligatoria debe postrarse.

- Si alguien se levanta para la tercera rak'a en una oración voluntaria, debe retroceder si lo recuerda antes de inclinarse, y postrarse después del salām. Si la tercera rak'a es completada, debe continuar, agregar la cuarta, y postrarse antes del salām, a diferencia de lo que sucede en una oración obligatoria.

- Si alguien olvida un acto en una oración voluntaria,

como la inclinación o la postración, y no lo recuerda hasta después de haber terminado y saludado, no es necesario repetir la oración. En cambio, si es en una oración obligatoria, debe ser repetida en su totalidad.

- Si alguien corta una oración voluntaria de manera intencionada o deja de hacer una rak'a o postración de manera intencionada, debe repetirla siempre.

- Si alguien suspira durante la oración, no hay problema con ello, salvo que forme letras.

- Si el Imam se equivoca en alguna parte de la oración, añadiendo u omitiendo, los seguidores deben decir: '*subḥānallah*'.

- Si el Imam se levanta de dos rak'āt, los seguidores deben decir: '*subḥānallah*', y si se separa del suelo, deben seguirle, pero si se sienta en la primera o tercera rak'a, no deben sentarse con él.

- Si tu imam hace una postración y omite la segunda, avísale diciendo: '*subḥānallah*', pero no te levantes con él a menos que temas perderte la inclinación, entonces síguele, y no te sientes después con él, ni en la segunda ni en la cuarta. Cuando el imam dé el salām, levántate y añade otra rak'a en lugar de la rak'a que habías anulado, y te postras antes del salām. En caso de que seáis un grupo, lo ideal sería adelantar a uno de vosotros para dirigir lo que resta de la oración.

- Si el Imam hace una tercera postración, avísale diciendo '*subḥānallah*', y no te postres con él.

- Si el Imam se levanta para la quinta rak'a, los que estén seguros de que es válida deben seguirle, mientras que los que no lo están deben quedarse sentados.

- Si el Imam saluda antes de que la oración esté completa, los seguidores deben avisarle diciendo '*subḥānallah*', y si cree que están en lo cierto, debe completar su oración y postrarse después del salām.

- Si hay dudas sobre la validez de la oración, debe consultar a dos justos, y se permite conversar con ellos sobre el asunto.

- Si el imam está seguro de la completitud de su oración, sigue su certeza y deja la opinión de los dos justos, salvo que la mayoría de los seguidores confirmen el error, entonces deja su certeza y les sigue.

MADINA EDITORIAL

BUSCANDO EL CONOCIMIENTO

REFERENCIAS

1. El Noble Corán
2. Sahih Al-Bujāri
3. Sahih Muslim
4. Sunan Abu Daūd
5. Sunan At-Tirmiḏi
6. Sunan An-Nasāi
7. Sunan Ibn Māŷah
8. Musnad Ahmad
9. Muaṭṭa Mālik
10. *"Aḏḏajīra"*, Shihabuddin Al-Qarāfi, Darul Gharb, Beirut, (1994).
11. *"Addurruṯ-Ṯamīn"*, Muhammad Mayyāra, Ed. Al-Asriyya, Líbano, (2005).
12. "*Al-A'lām*", Jayruddin Az-Zarkali,
13. "*Al-aḏkār*", Muhyiddin An-Nawawi, Darul Fikr, Líbano, (1994).
14. "*Al-Bayān uat-Taḥṣīl*", Ibn Rushd (el abuelo), Darul Garb, Líbano, (1988).
15. "*Al-fawākih Ad-Dawānī*", Shihabuddin An-Nafrāwi, Ed. Alfikr, (1995).
16. *"Al-Kāfi"*, Ibn AbdulBarr, librería Riad, (1980)
17. "*Al-Mudawwana*", Mālik ibn Anas, Darul Kutubil 'Ilmiyya, Beirut, (1994).

18. “*Al-Muṣannaf*”, Abdurrazzaq Aṣṣan’āni, Ed. At-Taṣīl, (2013)

19. “*Al-Muṣannaf*”, Abu Bakr Ibn Abi Šayba, Darul Qibla, (2006)

20. “*Al-Qauāninul Fiqhiyya*”, Ibn Ŷuzayy Al-Andalusi, Ed. Ibn Hazm, (2013)

21. “Aš-Šarḥuṣ-Ṣagīr”, Shihabuddin Ad-Dardīr, Ed. Ma’arif, El Cairo.

22. “*At-Tabṣira*”, Abul Hasan Al-Lajmi, Ed. Asuntos Religiosos Catar, (2011).

23. “*At-Tārijul Kabīr*”, Muhammad ibn Ismā’īl Al-Bujāri,

24. “*Aṯ-Ṯiqāt*”, Ibn Hibban.

25. “*Fayḍul Qadīr*”, Abdur-Ra-ūf Al-Munāui,

26. “*Ḥāšiya ‘alaš-Šarḥil Kabīr*”, Ibn Arafa Ad-Dusūqi, Ed. Ibn Hazm, (2021).

27. “*Iqdul Ŷawāhiriṯ-Ṯamīna*”, Ibn Šās As-sa’di, Darul Gharb, Beirut, (2003).

28. “*Minaḥul Aliy*”, Muhammad ibn Muhammad Sālim Al-Maŷlisi, Ed. Al-‘Āṣimiyya, (2005)

29. “*Minhāŷul ‘Ābidīn*”, Abu Ḥāmid Al-Gazāli, Darul Minḥaŷ, Jeda, (2021).

30. “*Musnaduš-Šāmiyyīn*”, Abul Qāsim Aṭ-Ṭabarāni, Ed. Arrisala, Beirut, (1984).

31. “*Šarḥu Muškilil Āṯār*”, Abū Ŷa’far Aṭ-Ṭaḥāwī, Ed. Arrisala, Beirut, (1994)

32. “*Šarḥul Jarīda*” Ahmad ibn Muhammad Ad-Dardīr, Ed. Al-Bairuti.

33. "*Šarḥul Muaṭṭā*", Muhammad Abdulbāqi Az-Zurqāni, Librería At̲t̲aqāfa, El Cairo, (2003)

34. "*Šarḥur-Risāla*", Qāḍi AbdulWahhāb, Ed. Ibn Hazm, (2007)

35. "*Šaŷaratun-Nūri-Zakkiyya*", Muhammad Majlūf.

36. "*Siyaru A'lāmin-Nubalā*", Shamsuddin Ad̲-D̲ahabi,

37. "*Tahd̲ībul Kamāl*", Ŷamāluddin Al-Mizzi,

38. "*Taqdimatul Ŷarḥi wat-Ta'dīl*", Ibn Abī Ḥātim Ar-Rāzi.

MADINA EDITORIAL

BUSCANDO EL CONOCIMIENTO

Pueden encontrar nuestras publicaciones en cualquier tienda amazon, o contactándonos a través de la siguiente dirección: madinaeditorial@gmail.com

PUBLICACIONES DE NUESTRA EDITORIAL

AL-ADABU'L MUFRAD

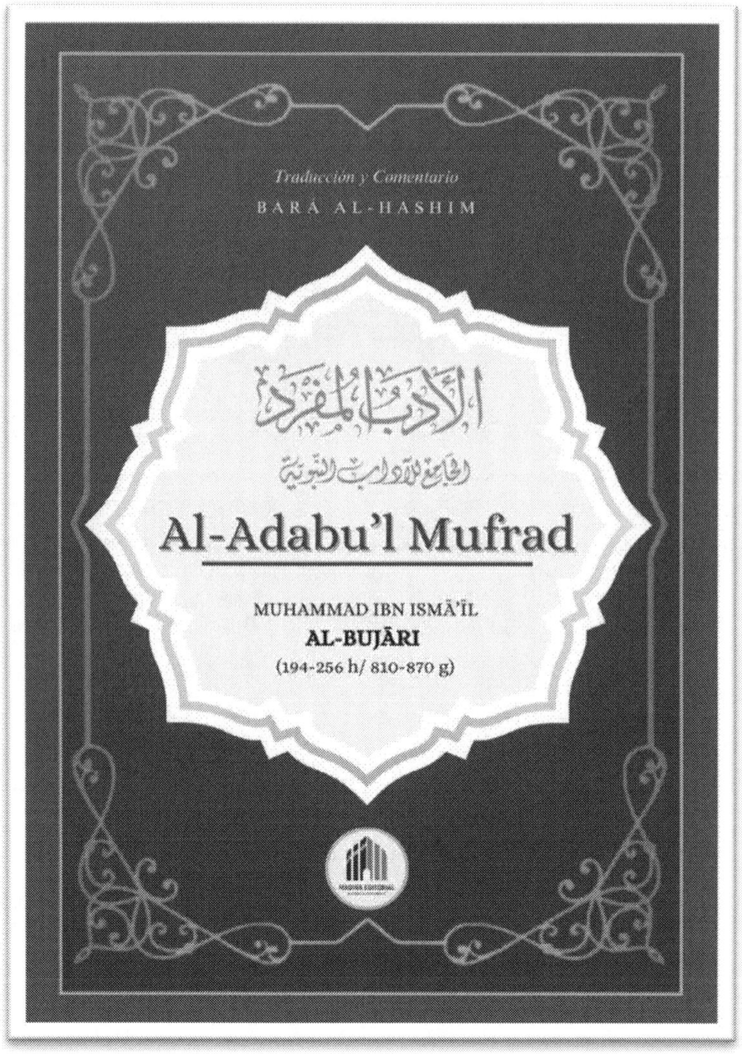

Traducción y Comentario

BARÁ AL-HASHIM

الأدب المفرد

الجامع للآداب النبوية

Al-Adabu'l Mufrad

MUHAMMAD IBN ISMĀ'ĪL

AL-BUJĀRI

(194-256 h/ 810-870 g)

Pueden encontrar nuestras publicaciones en cualquier tienda amazon, o contactándonos a través de la siguiente dirección: madinaeditorial@gmail.com

EL ELIXIR

BARÁ AL-HASHIM

Servidor de la Noble Sunna

EL ELIXIR SOBRE EL NACIMIENTO DEL SIRĀŶ Y MUNĪR

محمد ﷺ

"Poema y su comentario de un nacimiento que cambió el transcurso de la historia"

Pueden encontrar nuestras publicaciones en cualquier tienda amazon, o contactándonos a través de la siguiente dirección: madinaeditorial@gmail.com

EL MANUAL

BARÁ AL-HASHIM

-Servidor de la Noble Sunna-

EL MANUAL

Principios y Modales islámicos:

Una guía práctica para vivir con propósito en cada etapa de la vida

Incluye También

DE LOS MODALES DEL ISLAM

Obra del Imam y Muhadiz

'ABDUL FATTĀḤ ABU GHUDDAH

(1917-1997)

MADINA EDITORIAL

Pueden encontrar nuestras publicaciones en cualquier tienda amazon, o contactándonos a través de la siguiente dirección: madinaeditorial@gmail.com

LA LUZ DE LA ACLARACIÓN

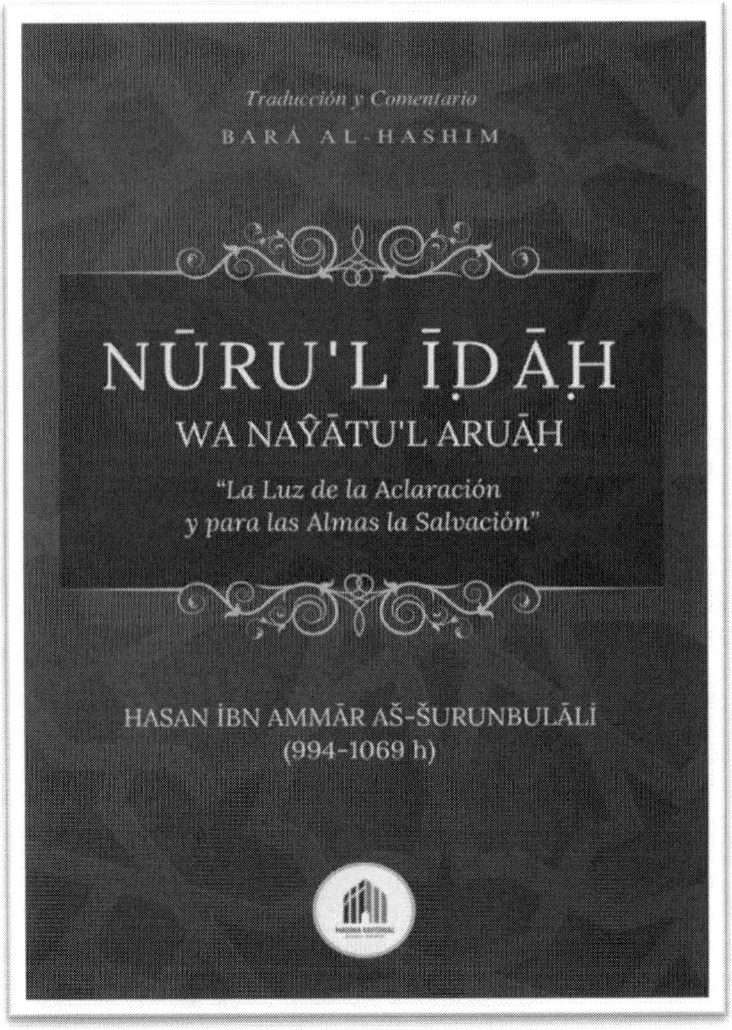

Traducción y Comentario

BARÁ AL-HASHIM

NŪRU'L ĪḌĀḤ

WA NAŶĀTU'L ARUĀḤ

"La Luz de la Aclaración y para las Almas la Salvación"

HASAN İBN AMMĀR AŠ-ŠURUNBULĀLİ

(994-1069 h)

Made in the USA
Columbia, SC
16 March 2025

120ba172-25ff-4ef4-a1fc-50084f681405R03